管理者・施設長に教えたい

介護事業所の"現場法務"

弁護士法人かなめ 著

中央経済社

はじめに

　介護事業は日本社会を支えるインフラです。

　全国津々浦々に介護事業所は存在し，地域の高齢者やそのご家族の生活，ひいては地域社会そのものを支えています。

　高齢化がますます加速する日本社会において，介護事業の最大のテーマは『いかに介護事業を永続できるか』という点にあります。
　介護事業者は，日々，この重大テーマに真正面から取り組んでいます。

　しかしながら，介護事業者が直面する問題は多岐にわたります。

　法改正に対応した利用契約書や重要事項説明書の策定，利用者や利用者家族からのクレームへの対応，介護事故発生時の対応，実地指導等の行政対応等々，介護事業者が対応しなければならない法的問題やその法分野は多岐にわたります。
　介護現場では，これらの法的問題に対し，経営者のみならず，現場の管理者や施設長等のマネジメント層の方々が向き合っています。

　しかし，残念ながら，日本社会では，法律実務に関する教育を受ける機会はほぼ皆無に等しく，実社会の場で，突然その対応を求められる状態になっており，経営者，管理者・施設長等はその対応に苦悩しています。

　介護事業を永続可能なものにするためには，経営者，そして管理者・施設長等のマネジメント層の方々を法的にサポートすることが必要不可欠です。

　その法的サポートを弁護士が率先して行うことが介護事業所の組織活性化につながり，ひいては介護事業が永続可能なものになると考えています。

　われわれ弁護士法人かなめは，このような使命感の下，日々，日本全国の介護事業者の法的サポートを行っています。

　本書は，弁護士法人かなめに寄せられた多種多様な法律相談の中から，介護事業運営に関する基礎的なテーマに絞ってまとめた書籍です。

　普段，法律用語に馴染みのない人でも理解しやすいように，難解な法律用語はなるべく使用せずに書き上げました。
　適宜，YouTube動画のリンクも貼付しているので，テキストだけでは理解できない場合は，ぜひ動画もご覧ください。

　本書を手に取ったすべての人にとって，新たな気づきが得られる一冊になることを願っております。

　最後に，本書の執筆にあたり，弁護士法人キャストの芦原一郎先生からは様々な気付きを与えていただき，さらに内容面，構成面において数々の貴重なご指摘をいただきました。
　この場を借りて，厚く御礼申し上げます。

　2022年12月

著者一同

目　次

II 介護事故とヒヤリハットに関するい・ろ・は

I

契約締結場面の
い・ろ・は

1 はじめに

日常業務として普段からやっている利用契約。
どんなことに気をつければいいんだろう？

> **Q　利用者との利用契約。どんなことに気をつければいいの？**

　どんな業態の事業者でも，利用者や利用者家族との関係は，契約を締結するところから始まります。

　契約を締結するとき，みなさんはどんなことを考えているでしょうか。

- この利用者様と，良好な関係を築いていけるだろうか。
- 契約書の作成に，不備があったらどうしよう。
- もし利用者様が，利用料を支払ってくれなかったらどうしよう。
- 介護事故が起きたとき，どうやって対応をしようか。
- 利用者様やそのご家族と良好な関係が築けなかったらどうしよう。

　いろいろな悩みや，気になることはありながらも，日常業務に追われ，契約締結の場面は結果としてあまり意識していない，というのが実情ではないでしょうか。

　なぜ，意識をしていないのかというと，契約締結の場面では，まだ特段の問題は顕在化していないからです。当然のことではありますが，利用料の不払い，介護事故，カスタマーハラスメントなど，問題が発生するのは，契約を締結し

た後です。

　しかしながら，これらを防いだり，被害を最小限に抑え，利用者や利用者家族との間で良好な関係を築くための出発点が，契約締結時なのです。

　この章では，利用契約を締結することの意義（Ⅰ－2），契約書の記載内容のポイント（Ⅰ－3，4，5，6，7，10），契約書締結時の説明の仕方（Ⅰ－8）や，押印の意義（Ⅰ－9）などについて解説をした上で，利用契約とあわせて交付をしたり，説明をしたほうがよい書類（Ⅰ－11，12）などについてご紹介します。

　介護報酬改定や，これに伴う介護保険法の改正などに対応し，契約書の文言を修正していくことはもちろん重要です。
　しかしながら，法制度が変わっても，事業者の身を守り，利用者や利用者家族と円滑な関係を築くための方法は，変わりません。

　皆さんの事業所にある，利用契約書や，契約締結時に配付するリーフレットなどを手元に置きながら，検証していきましょう。

2　契約を結ぶってどういうこと？

> 当たり前みたいに「利用契約」を結んでいるけど，これって結局，何なの？

Q　「契約」ってそもそも何？

　どのような業態の事業者であっても，必ず利用者と介護サービスの「利用契約」を締結します。しかしながら，この介護サービスの「利用契約」を，なぜ利用者との間で締結するか，という点を意識されている方は少ないのではないでしょうか。

　もちろん，一番の理由は，「介護報酬をもらうため」だと思います。

　なぜ事業者が介護報酬をもらえるのかといえば，事業者が利用者との間で「介護サービスを提供する代わりに報酬をもらいます」という合意（約束）をしているからです。

　実はこれは，介護サービスが，行政庁が職権で必要性を判断し実施していた「措置制度」の時代から，介護保険法の施行により，利用者自らがサービスを選択する「選択利用制度」へ変化したことにより必要になったものであり，利用者の権利を保護するための重要な手続なのです。

　もし，このような合意をせずに，「この人は介護を必要としていそうだから，サービスを提供したらきっとお金をもらえるだろう」と思って，サービスを提供しても，「お金を払うなんて一言も言ってないやん」と言われてしまえば，極端にいえばただの「親切」となってしまいます。

　しかしながら，利用契約には，介護報酬をもらうこと以外にも重要な意味が

あります。なぜなら，利用契約は，事業者と利用者が初めて行う共同作業であり，ここで決めたことが，両者の間を規律するルールになるからです。

　利用契約の中では，サービス内容，報酬額の他，サービスが利用できない場合の措置，サービスの変更，中止等の場合の手続，契約の解約，解除の際の手続など，さまざまな取り決めがされており，そのどれもが，事業者にとっても利用者にとっても重要です。

　そのため，行政のホームページなどでも，利用契約の書式（ひな型）が多く掲載されており，この書式をそのまま使って契約を締結している事業者も多いのではないかと思います。契約締結をただのルーティンにしないよう，今一度内容を吟味してみましょう。

I　契約締結場面のい・ろ・は

3　ひな型をそのまま使うと何がいけないの？

> 契約書って難しいし，行政のホームページに載っているひな型をそのまま使ってるんだけど，何か問題ある？

Q　契約書のひな型を使う問題点とは？

　「契約が重要だ！」ということがわかっても，実際に契約書を作るのはとても骨が折れる作業です。事業者は，もちろん法律家ではありませんし，契約の専門家である弁護士であっても一から契約書を作るのは相当の時間を要します。

　そのため，行政が公表しているひな型を，内容を吟味せずにそのまま利用している事業者は多いのではないでしょうか。

　もちろん，ひな型を参考にして契約書を作るのは，一から作成する苦労を考えれば非常に効率的です。

　しかしながら，行政のひな型は，必要な条項は網羅できている一方，各事業者の実態に応じた内容になっていない場合が多々あります。しかも，契約は，一度合意すると当事者間では効力を持つ，つまり，その約束を守らなければならないという拘束力が発生します。

　具体的には，下記①～⑥のような問題点があげられます。

---

　①　連帯保証人に関する条項がない。
　②　解除できる場合が限られている。
　③　事故発生時の賠償手続，保険についての説明が不十分。

④　事業者が作成していない書類が引用されている。
⑤　実際には行っていないサービス等が記載されている。
⑥　法令上必要のないサービスをすることになっている。

　たとえば,「毎年年度末に利用者及び家族に決算報告書の写しを交付する」などの条項が設けられている契約書をよく見かけますが,実際に,このようなサービスをしている事業者はほとんどいません。しかしながら,契約書に記載がある以上は,仮に利用者から求められれば,決算報告書の写しを交付しなければならないことになりますし,求められたのに拒否すれば契約違反を指摘される可能性すらあります。

　それぞれの具体的な内容は次項以下で確認していきますが,みなさんの事業所でお使いの契約書について,事業所の実態に応じたものになっているか,この機会にチェックしてみましょう。

4　その契約に「連帯保証人」はいますか？

利用者さんが利用料を払ってくれなかったら，家族に払ってもらえばいいんですよね？

　事業者から，利用者が利用料を滞納している場合に，「家族に請求したい！」という要望をよく聞きます。実際に利用者家族に請求する事業者もいます。しかしながら，原則として利用者家族に利用料を請求することはできません。

　介護利用契約は，あくまで利用者と事業者の契約であり，利用料を請求できるのは利用者に対してだけです。そのため，利用者家族に利用料を請求する場合には，利用者家族との間で連帯保証契約を締結する必要があるのです。

　なお，よく利用契約書に，「身元保証人」として利用者家族の名前が書かれていることがあります。しかしながら，この「身元保証人」という肩書には法的な意味はなく，多くのケースでは身元保証人に請求できるような契約条項にはなっていません。一度，利用契約書を見直してみましょう。

Q　連帯保証契約を締結するには，どんな文言にしたらいい？

　連帯保証契約を締結するにあたっては，2020年4月にあった民法債権法の改正に注意しなければなりません。通常，お金の貸し借りのような単発的な債務を保証する場合には，「○○の債務を連帯して保証する」で問題ありません。しかしながら，継続的に発生する債務（賃貸借契約に基づく賃料や，継続的な利用契約に基づく利用料）については，最終的に連帯保証人が負担する保証額がいくらになるかの予想がつかず，連帯保証人にとって予想だにしない結果が

発生し得ます。そのため，利用料を連帯保証してもらうためには，「極度額」，つまり保証をする最大額等を定める必要があります。

民法465条の2（個人根保証契約の保証人の責任等）

1　一定の範囲に属する不特定の債務を主たる債務とする保証契約（以下「根保証契約」という。）であって保証人が法人でないもの（以下「個人根保証契約」という。）の保証人は，主たる債務の元本，主たる債務に関する利息，違約金，損害賠償その他その債務に従たる全てのもの及びその保証債務について約定された違約金又は損害賠償の額について，その全部に係る**極度額**を限度として，その履行をする責任を負う。

2　個人根保証契約は，前項に規定する**極度額**を定めなければ，その効力を生じない。

3　第446条第2項及び第3項の規定は，個人根保証契約における第1項に規定する極度額の定めについて準用する。

具体的な文言としては，以下のようなものが考えられます。

連帯保証人は，利用者が事業者に対して本契約上負担する一切の債務を極度額100万円の範囲内で連帯して保証します。

　なお，この2020年4月の改正法の影響を受けるのは，2020年4月1日以降に締結された連帯保証契約に関してですので，それ以前に締結をした連帯保証契約については，仮にこの「極度額」の定めがなくても有効になります。

　今一度利用契約書を見直し，連帯保証契約が改正法に適応した文言になっているか，もしなっていない場合，新たに連帯保証契約を締結すべきかについて，検証してみましょう。

［利用料滞納］家族に請求することはできるの???
https://www.youtube.com/watch?v=rfHaTpaZ35I

10

5 「速やかに」損害を賠償できる？

事故の損害を賠償するのに，保険を使うって言ったら，ご家族様がカンカンに怒ってしまいまして……

Q 損害賠償規定の注意点とは？

どの介護サービスの利用契約書にも，損害賠償の規定が定められています。

しかしながら，誤解やクレームが生じやすい内容になっている損害賠償の規定をよく見かけます。

おすすめする損害賠償に関する規定としては，以下のようなものです。

---

① 事業者の責めに帰すべき事由により利用者に損害が生じた場合，事業者はこれを賠償する責任を負います。

② 事業者は，民間企業の提供する損害賠償責任保険に加入しています。前項規定の賠償に相当する可能性がある場合は，利用者又は利用者家族に当該保険の調査等の手続にご協力頂く場合があります。

---

①では，通常ひな型に入っている「速やかに」という言葉をあえて除いています。事業者としては，事業者に責任のある事故が発生すれば，もちろん遅滞なく，損害を賠償する必要があります。もっとも，治療が終わらなければ治療費や慰謝料の金額は定まりません。そのため，たとえば治療に1年を要した場合には，1年後に賠償がされることになります。そうすると，実際に賠償される時期と利用者や利用者家族が考える「速やかに」には，どうしても差が出て

きます。そうであれば，「速やかに」という，誤解を生むような言葉は避けるべきです。

　また，②については，契約締結時に説明をし，事前に告知しておくことにより，利用者や利用者家族自身も，実際に介護事故が発生した場合の手続が予測できます。実際に，事故が発生して保険を使う際にも，「契約の際にもご説明しましたように」と説明ができるので，保険を使うこと自体にクレームが発生する可能性は低くなります。この②を入れておくだけで，紛争を1つ減らすことができるかもしれません。利用契約書の内容を見直す際には，書き加えるようにしましょう。

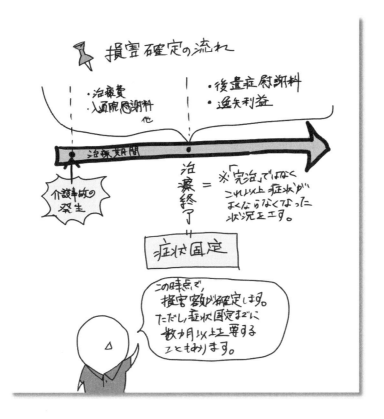

6 利用記録を見せてほしいと言われたら？

利用者の家族から，利用記録のコピーがほしいって言われたんですが…

Q 利用記録の閲覧謄写請求への対応は？

　サービス提供記録，利用記録については，省令，各都道府県，市町村の条例で保管期間（大体が2年から5年程度となっています）が定められています。保管期間については，国の定める基準では「2年」とされていますが，各地域，各業態によってそれぞれ別の定めがある場合もあり，指定権者である都道府県，市町村等が定める条例で修正され，より長い期間の保管が求められている場合もあります。

　また，条例等で修正はされていないものの，行政からは「5年」と指導されることも多いので，そのような場合にはその根拠を尋ねるようにしてください。

　念のため，書類の保管期間については，一度行政に確認しておくことをおすすめします。

　これらのサービス提供記録，利用記録については，利用者や利用者家族から見せてほしいと言われたり（閲覧），コピーがほしい（謄写）と言われたりした場合，事業者としては対応する必要があります。

　とはいうものの，利用者や利用者家族からの，無制限な閲覧や謄写を認める必要はありません。事業者としては，合理的な範囲での記録の閲覧謄写を認めることで問題ありません。

　具体的には，以下のような文言を契約書や重要事項説明書に記載することを

おすすめします。

> 利用者及びその家族（2親等までの血族に限ります。）は，事業者に対し，事業者の運営に支障のない限りで，サービス提供記録の閲覧・謄写を求めることができます。ただし，謄写に際しては，事業者は，利用者及びその家族に対して，実費相当額（白黒コピー：1枚○円，カラーコピー：1枚○円）を請求できるものとします。

　まず，サービス提供記録や利用記録の閲覧謄写を求めるのは，利用者ではなく利用者家族であることが多いと思います。しかしながら，その範囲を無制限に認めてしまえば，実際には利用者とほとんど結びつきのない，不当要求を目的とした「遠い親戚」などからの閲覧謄写請求にも応じなければならなくなる可能性もあります。そこで，あえて事前に，利用者家族の範囲を限定して定めておくことで，仮にこのような「遠い親戚」から閲覧謄写を請求されたときに，契約を理由に拒否することができます。

　また，閲覧謄写を請求できる時間について，何らの制限も設けていない場合，たとえば夜中に「記録を見せろ」などと要求をされることもあり得ます。もちろん，本来は合理的な時間で対応すればよいはずですが，相手方が不当要求を目的としている場合，何らの時間的な制限がついていないことを理由に，このような閲覧謄写の請求をしてくる可能性があります。そこで，上記のように，「事業者の運営に支障のない限りで」との制限を事前につけておくことで，スタッフが「契約でそのように決めさせていただいていますので」と断りやすくなり，不当な要求から事業者を守ることにもつながります。

7 契約書の作成において気をつけるポイント ～その他～

他に，契約書の作成において気をつけるポイントはありますか？

Q 秘密保持条項を入れるとは？

事業者が業務上知り得た利用者や利用者家族に関する秘密，個人情報については，事前に同意がある場合や，正当な理由がない限り，他に漏らしてはいけません。この正当な理由には，利用者または第三者の生命，身体等に危険がある場合の他，法令で定められた場合がありますが，特に指摘をしておきたいのは，「高齢者虐待の防止，高齢者の養護者に対する支援等に関する法律」（いわゆる「高齢者虐待防止法」）に定める通報義務です。

高齢者虐待防止法7条1項では，「養護者による高齢者虐待を受けたと思われる高齢者を発見した者は，当該高齢者の生命又は身体に重大な危険が生じている場合は，速やかに，これを市町村に通報しなければならない。」と定められており，さらに同法21条1項では，「養介護施設従事者等は，当該養介護施設従事者等がその業務に従事している養介護施設又は養介護事業（当該養介護施設の設置者若しくは当該養介護事業を行う者が設置する養介護施設又はこれらの者が行う養介護事業を含む。）において業務に従事する養介護施設従事者等による高齢者虐待を受けたと思われる高齢者を発見した場合は，速やかに，これを市町村に通報しなければならない。」と定められています。

当然，高齢者虐待防止法の通報義務に基づく通報をする場合は，正当な理由と認められるため，秘密保持義務違反にはなりません。しかしながら，以下の

ような規定を入れることをおすすめしています。

> 前項の規定にかかわらず，事業者は，高齢者虐待の防止，高齢者の養護者に対する支援等に関する法律及びその他の法令に基づく通報ができるものとし，その場合，事業者は守秘義務違反の責任を負わないものとします。

　このような規定を入れる趣旨は，次のとおりです。高齢者虐待防止法に基づく通報をする場面では，利用者家族と対立関係になることも想定され，紛争に発展することもあります。そしてその際，「なぜ父の情報を役所に漏らしたんだ？　守秘義務違反ではないか？」などと言いがかりをつけられる場面が想定されます。このような場合に，「契約時にもご説明しましたように，高齢者虐待防止法に基づく通報については守秘義務違反の責任を負いません。」と説明することで，紛争の長期化・激化を防ぐことができる可能性があります。

　また，秘密保持義務の規定には，事業者として，「契約終了後」についても，情報を漏らさないという趣旨の文言を入れておく必要があります。この点は，実地指導でもよく指摘されますので，気をつけてください。

　たとえば，以下のような規定です。

> 事業者は，業務上で知り得た入居者及びその家族に関する秘密並びに個人情報については，入居者又は第三者の生命，身体等に危険がある場合など正当な理由がある場合，又は入居者の事前の同意がある場合，契約中及び契約終了後も第三者に漏らしません。

Q　管轄を定めるとは？

　契約書の最後には，「合意管轄」という定めを置くことが通常です。
　裁判の「管轄」とは，仮に何らかの紛争が発生し，裁判をしなければならなくなった場合に，どの裁判所に裁判を起こす必要があるか，という問題であり，原則としては，「被告となるものの住所地」を管轄する裁判所が，管轄裁判所

となります（民事訴訟法4条1項）。

　通常，被告となる利用者と事業者は同地域に住んでいるというケースが多いかと思います。しかしながら，もし裁判手続が，利用者が当該事業者からのサービス提供を受けなくなり，親族等の関係で元々住んでいた地域から県外等に出ていってしまった後に行われる場合，裁判の内容によっては，相手方の住所地の裁判所で裁判をしなければならなくなる可能性があります。

　また，利用料については，自己負担額の金額からしても，それほど多額にはならないこともあり，そういった場合には，「地方裁判所」ではなく「簡易裁判所」が管轄となる場合もあります。簡易裁判所は，地方裁判所より数が多く，思わぬ簡易裁判所が管轄裁判所となってしまう場合もあります。そこで，事前に管轄裁判所について合意をしておくことで，このような事態を防ぐことができます。

　さらに，合意管轄の前に「専属的」という言葉をつけるのを忘れないようにしてください。これは，「専属的」という言葉をつけることで，他の裁判所では裁判をできなくする目的があり，もし「専属的」という言葉をつけていなかったら，他の裁判所においても裁判が可能となっていまします。

　以上を踏まえた上で，以下のような文言をおすすめしています。

　事業者及び利用者は，本契約に関して訴訟の必要が生じたときは，○○簡易裁判所又は○○地方裁判所を第一審の専属的合意管轄裁判所とします。

Q　契約書の見直しはどうする？

　契約書の変更の際，変更部分等を抜き出し，覚書のような形で対応している場合もあろうかと思います。もっとも，利用料の改正等，介護保険法等の改正による変更であればともかく，事業者にとって不利益を被り得るという条項を変更する場合，その点のみを抜き出してしまうと，利用者側から不審がられたり，その時点で何らかの問題が発生したりする可能性もあります。

　また，利用者ごとに特殊な内容や形式の書類がバラバラに存在すると，管理

が煩雑になるだけでなく，見落としや取り違えなどのトラブルを招きかねません。

　そのため，契約書を見直した後は，新たに契約を締結する利用者に対しては見直し後の契約書を，それ以前の利用者については，利用料の改正等，大きな改正のタイミングで，見直し後の契約書での契約を再締結し，改めて内容を説明して利用者を安心させるとともに，統一的な管理を可能にしてミスやトラブルを予防するようにしましょう。

［利用契約チェックポイント〜こんな利用契約になっていませんか？〜］

損害賠償	「速やかに」という文言が入っている。	○頁
	賠償保険について記載がない。	
	軽過失の過失相殺を免除している。	
	過失相殺の内容が理解できていない。	
解除条項	利用者家族や関係者の行為を理由とする解除条項がない。	○頁
	他の利用者への加害行為を理由とする解除条項がない。	
	従業員への加害行為を理由とする解除条項がない。	
利用記録	記録の保存期間が何年となっているのか根拠法令がわからない。	○頁
	閲覧・謄写に制限を設けていない。	
	謄写の際の費用について記載がない。	
秘密保持	利用契約終了後の秘密保持について記載がない。	○頁
	高齢者虐待防止法の通報義務について記載がない。	
連帯保証	極度額の記載がない。	○頁
合意管轄	「専属的」という文言がない。	○頁
	簡易裁判所の記載がない。	

Ⅰ　契約締結場面のい・ろ・は

8 契約書ってどうやって説明したらいいの？

契約書の説明ってまどろっこしくて……「読んでおいてください」じゃだめなんですか？

Q　契約書を説明することの意義って？

　利用契約書や重要事項説明書は，行政が提供しているひな型を使うと，長いですし文言も難解であることが多々あります。また，事業者は，もちろん法律のプロではないので，一読しただけでは内容が理解できない場合もあるかもしれません。

　このような契約書を，契約締結のたびに，利用者や利用者家族に説明することを煩わしいと思う方は多いのではないでしょうか。中には，契約内容の説明はそこそこに，「残りは後で読んでおいてください」などと，説明をほとんどしない事業者もいるのではないかと思われます。

　しかしながら，契約締結の場面は，事業者と，利用者や利用者家族とのファーストコンタクトです。せっかく契約書を見直しても，契約内容の説明をこの場面できちんとしておかないと，後々利用者や利用者家族から「そんな内容は聞いていなかった」などと言われ，争いになることもあります。

　逆に，契約書の内容の他，協力をお願いすることや，事業者として取り組むことなどを，丁寧にしっかり話しておくと，利用者や利用者家族との信頼関係も築きやすくなります。

Q　契約書の説明のポイントは？

契約書を説明するときのポイントは，以下のとおりです。

---

① 事業者の情報やサービスの内容について説明する。
② 介護事故が起きたときの対応方法を説明する。
③ 連絡先，連絡方法等を構築する。
④ 利用者の情報で家族しか知らないことなどを事前に聴き取る。
⑤ 解除させてもらう場合があることについて言及しておく。

---

①は，利用契約に基づいて，介護サービスを提供するからには，その内容を説明するのは当然です。利用者や利用者家族の求めるサービス内容と事業者が提供できるサービスに齟齬が生じないように丁寧に説明しましょう。

②は，事業者に責任のある介護事故が起きた際の，損害賠償金が支払われるまでのフローの説明です。利用契約書を見ると，よく「速やかに」損害賠償をします，との記載を見つけます。しかしながら，実際は，事業者は必ず賠償保険に加入していることから，事業者に責任のある事故により損害が発生した場合には，保険会社より保険金が支払われます。

保険会社は，保険金を支払うにあたって，当然事業者の責任の有無や，損害金額を調査します。そうすると，利用者や利用者家族が思う「速やか」な賠償と齟齬が生じ，紛争が激化することがあります。そこで，利用契約書には，保険を利用することや，それに伴い協力を求めることがあることを明記した上，説明の中でも，「保険を使わせてもらう関係で，調査のために聴き取りをさせてもらったり，時間をいただくことになったりするかもしれませんが，その際はご協力をよろしくお願いします」としっかり伝えておくことが非常に重要となります。また，介護事故が発生した場合に，保険を使うこと自体にクレームが入ることがあります。そのような事態を避けるためにも，契約時に賠償の手続について説明しておくべきです。

③は，特に利用者に関する緊急事態時の，利用者家族への連絡方法の確認です。通常，キーパーソンとなるご家族については，住所と電話番号を把握する

ことになりますが，電話の場合，時間帯や仕事の関係でつながらないことが多々あります。最近は，留守番電話の設定をしていない方も多く，そういった際には，緊急の用件を伝えることができません。そこで，事前に連絡が取りやすい連絡方法やその順序を詰めておくことで，緊急時の対応がスムーズになります。

　具体的には，以下のような内容を事前に話し合っておくのがよいでしょう。

---

❶　留守電になるようにしているので，電話をして出なかったら留守電に用件を入れる。
❷　電話をして出なかった場合は，ショートメールに用件を入れる。
❸　事前に伝えたメールアドレスに連絡する。
❹　キーパーソンのご家族に連絡がつながらない場合は，次に連絡する人を決めておく。

---

　④は，たとえば，利用者には勢いよくご飯を掻き込む癖があるなど，事前に事業者側で知っていれば，事故を防ぐことができるような事情がある場合があります。

　そのため，事故の予防のために，介護事故に発展する可能性のある利用者の情報で，利用者家族しか知らないような事情については確認をしておくことが望ましいです。

　さらに，事業者から積極的に利用者の状態を尋ねることで，利用者家族にも「この事業者はちゃんと私の家族を見てくれようとしているんだ」と安心感を与えられます。もちろん，ここで聴き取りをした内容は，事業所内で共有するようにしましょう。

　⑤は，契約書に記載する解除の条件の説明です。具体的な内容としては，利用者や利用者家族が，事業者のスタッフ，他の利用者，関係者等に対して，暴言，暴行，セクシュアルハラスメントなどの行為をした場合に，契約を解除する可能性がある，といった内容が考えられます。

　契約を締結する段階で，契約を解除する場面について話すのは気が引けると思われる方も多いかもしれません。しかしながら，利用者や利用者家族の中に

は，自分たちの行為が，たとえば犯罪行為や迷惑行為に当たると気がついていない方も，実は多くいます。したがって，注意喚起の意味も含めて，事前に説明しておくことが重要となるのです。

　利用者家族の協力を得ながら，適切にサービスを運用していくために，契約締結は非常に重要な段階であることを意識してください。

9　印鑑は「実印」じゃないといけないの？

> この間の実地指導で，契約書の印鑑が認印なの
> はおかしいって指摘されたんですけど……

Q　契約書の印鑑は実印じゃないといけないのか？

　この質問は，実際に実地指導で押印について指摘を受けた顧問先から相談を
受けた内容です。実地指導にやってきた行政の担当者が，締結済みの契約書や
重要事項説明書を確認した際，「契約書の事業者側の印鑑がなぜ実印じゃない
のか」と事業者を問い詰め，事業者の側がなぜ実印でなければならないのかを
尋ねても，「大切な書類なのだから実印で当然である」と言うのみで，話を聞
いてくれなかったというのです。

　日本では，いわゆる「ハンコ文化」が根強く，重要な書類には印鑑を押さな
ければならない，そして特に重要な契約書のようなものには「実印」（印鑑登
録をしている印鑑）を押さなければならない，というイメージがあります。

　しかしながら，印鑑はあくまで，「合意をした」という事実を証明するもの
の１つであり，印鑑を押さなければ合意ができないわけでもなければ，まして

や実印を押していなければ合意が無効になるよ
うなものでもありません。もちろん，運営基準
にも，「実印」どころか，「押印しなければなら
ない」との記載はありません。

　また，新型コロナウイルス感染症の流行によ
り，従業員にリモートワークを実施させる企業

が増えた中，押印のためだけに出勤しなければならないことへの疑問が投げかけられ始めています。そのため，行政への提出文書の書式上，押印を求められているものについては押印をもらうことは必要ですが，実印である必要もありませんし，押印を求められていない書面において，あえて「印」などの欄を設けて，押印を求める必要もありません。

　冒頭のケースで，弁護士から直接行政の担当者に問い合わせ，改めて根拠を尋ねると，やはり「大切な書類だから」という回答があるだけで，具体的な根拠が示されることはありませんでした。そのため，「法的な根拠がないのであれば，契約書への捺印が認印であっても問題はないのではないか」と再度確認すると，行政からようやく「問題ありません」との回答を得るに至りました。

　また，厚生労働省に確認したところ，「介護保険事業は地方自治体の自治事務ですので最終的な判断は当該自治体の判断になりますが」という留保の上で，契約書への押印やサインの煩雑さを考慮して，電子署名を利用することも適法であるとのことです。

　ですので，電子署名を導入する際は，指定権者である自治体に念のため確認するようにしてください。その際，「厚労省は電子署名でも大丈夫と言っているみたいです」という説明をすると，自治体も無碍にはできないと思います。

　経済産業省からも電子署名等の活用について指針が出されており，これからは電子署名，電子契約が一般化していく時代が来ます。

　介護業界においても，行政の指針等を確認しながら，便利なものは取り入れていく，という意識を持つことが重要です。

[ハンコ不要!?] 電子契約のススメ！介護事業所必見！
https://www.youtube.com/watch?v=fq-lle7K0JU&t=23s

コラム ｜ 契約書の電子化に向けた動き

押印や署名のない契約書ってなんだか不安だけど，利用者の方に毎回書いてもらったりハンコ押してもらうのって大変なんだよなあ。

　9でも解説をしたように，契約は口頭でも成立します。

　たとえば，コンビニでジュースを買うというのは，売買契約というれっきとした契約です。しかしながら，その際に，「この内容をすべて読んだ上で，署名押印してください。」などと，契約書を差し出されたことはないはずです。

　契約書は，誰と誰が，いつ，どのような契約をしたのかを，客観的に証明する目的で作成されるものであって，一部の契約を除いては，作成が義務づけられているものではありません。

　そのため，本来は介護サービスの利用契約についても，署名や押印どころか契約書がなくても成立します。

　一方，介護サービスは，国から報酬をもらう（法定代理受領サービス）という性質上，契約締結に関して，一定の規制を受けています。具体的には，厚生労働省が定めるいわゆる指定基準の中の運営基準において，「重要事項を記した文書を交付して説明を行い……利用申込者の同意を得なければならない。」と定められています。実は，ここでも契約書の作成や署名・押印については明記されていませんが，この運営基準を遵守していることを示す根拠として，利用者に対して，契約書や重要事項説明書への署名・押印を求めてきたという経緯があります。

　その結果，行政も介護事業者も契約書には署名，押印の両方を絶対にしなけ

ればならないのだと思い込んでいたのです。

　しかしながら，令和2年からの新型コロナウイルス感染症の感染拡大に伴う
リモートワークの推奨などの動きを受け，政府主導での「脱ハンコ」の動きが
始まりました。これに伴い，これまで押印を必須のものと考えてきた利用契約
書や重要事項説明書についても，「押印は不要ではないか」との認識が広がっ
てきたのです。

　実際に，厚生労働省も，当法人（著者）からの問い合わせに対して，利用契
約書や重要事項説明書への押印は不要との回答をしており，当法人の顧客の中
にも，「脱ハンコ」を進める事業者が多く出始めています。

　もっとも，「脱ハンコ」を進めるにあたり，注意すべきなのは，

---

① 　あくまでも介護保険事業は，地方公共団体の自治事務なので，最終的な判
　断は各自治体の判断に委ねられていること。
② 　各自治体の担当者が押印の必要性について必ずしも正確に理解をしている
　わけではないこと。

の2点です。そのため，自治体によっては，実地指導において，押印がないこ
とを指摘し，報酬の返還を求めてくるケースも想定されます。このような事態
を避けるため，「脱ハンコ」を進める場合には，各自治体の担当者に対して，
「利用契約書や重要事項説明書に押印はしなくていいという話を聞いたのです
が，そのような理解でよいですか？」と事前に確認するようにしてください。
実際，自治体の担当者に問い合わせをしたところ，電磁的記録と混同され，
「押印を廃する場合は電磁的記録を利用してください」との回答があったこと
もありました。

　さらには，押印だけでなく，利用契約書や重要事項説明書について，電子サ
インを導入する事業者も増えてきました。電子サインを導入することにより，
利用者と契約を締結する際の時間が大幅に短縮できているそうです。

　みなさまの事業所でも，一度ご検討されてはいかがでしょうか。

I　契約締結場面のい・ろ・は

10 どんなときに契約を「解除」できるか？

利用者さんのご家族が頻繁に施設に来て大声で怒鳴ったりするんです。利用者さんはおとなしいのですが……

Q　利用契約を解除できる場合とは？

「ある利用者が他の利用者に暴力をふるったり，スタッフにハラスメント行為をする」

「利用者家族が頻繁に事業所にやってきて，スタッフに悪質なクレームをつける」

このような利用者や利用者家族の言動に悩んでいる事業者も多いのではないでしょうか。

実は，どのような契約であっても，契約によって定めた義務を果たさないなどの，一定の条件を充たせば，解除をすることができます。

具体的には，以下のような場合です。

---

① 契約書の中で定めた解除事由に該当する場合
② 法律上の解除事由に該当する場合

もちろん，介護事業においても同様に，①②に該当すれば，民事上は契約を解除することができます。しかしながら，介護事業は，公的な性質を有することや，サービスの提供を一方的に中止することで，利用者に多大な影響があり得ることから，厚生労働省が定める指定基準等により「正当な事由」がない限

り，サービスの提供を中止できないことになっているのです。

「正当な事由」としてあげられているものの例としては，たとえば訪問介護事業者の場合，以下のような事由です。

---

❶　当該事業者の現員からは利用申込に応じきれない場合
❷　利用申込者の居住地が当該事業者の通常の事業の実施地域外である場合
❸　その他利用申込者に対し自ら適切な指定訪問介護を提供することが困難な場合

これは，サービス提供を中止する場合の基準であり，厳密には解除事由ではないものの，利用契約を解除する場合の実質的な基準として考えられています。

❶と❷の場合は，厚生労働省が定める指定基準等で定められた人員の数や，当該事業の実施地域など，客観的な基準に基づいて判断されることになります。そのため，利用者や利用者家族による問題行動によって利用契約を解除したい場合には，❸の基準に該当するかどうかがポイントとなります。

この場合，「正当な事由」に当たるかどうかの判断には，もちろん事業者と利用者との契約内容や，それに伴う事業者と利用者との交渉の経緯も考慮されます。

そこで契約書の中でしっかりと解除事由を定めておくことで，事業者から利用者や利用者家族に対する注意喚起になるだけでなく，契約内容に従った注意や警告，そして最終的には契約解除につなげることを視野に入れた対応が可能となります。

Q　どんな条項を定めればいいの？

　ご相談をいただいた事業者の契約書を見ると，概ね以下のような解除事由が定められています。

〈よくある解除事由の例〉

> 事業者は，利用者が故意又は過失により，事業者又は事業者の従業員の生命・身体・財物・信用等を傷つけ，又は著しい不信行為を行うことなどによって，本契約を継続しがたい重大な事情を生じさせた場合，事業者は利用契約を解除することができる。

　条項を定めるときに注意すべき点は，「解除事由の対象となる行為を広げておく」ことです。

　具体的には，この条項では，解除事由の対象となる行為の主体は「利用者」だけであり，利用者家族の言動についてカバーされていません。多くのケースでは，利用者よりも利用者家族がハードクレーマー化することが多いにもかかわらず，利用者家族の言動が解除をする理由にならないことになります。

　また，生命・身体・財物・信用等を傷つける客体が「事業者又は事業者の従業員」だけとなっており，他の利用者への行為は明確には規定されていません。そのため，利用者が事業所内で暴れて他の利用者を頻繁に傷つけるような場合でも，当然には解除事由にならないことになります。

　そこで，以下のような条項をおすすめしています。

〈おすすめしている解除事由の例〉

> 事業者は，利用者又はその家族が，故意又は過失により，事業者又は事業者の従業員もしくは他の利用者等の生命・身体・財物・信用等を傷つけ，又は著しい不信行為を行うことなどによって，本契約を継続しがたい重大な事情を生じさせた場合，事業者は利用契約を解除することができる。

　職員としては，利用者や利用者家族に注意をすることに対してどうしても抵抗があり，何より，どのように注意をすればいいか悩んだ結果，結局注意ができないままになってしまうことも多いのではないかと思います。

　そのような場合に解除事由を明確にすることで，職員は，この具体例を根拠に説明をする，という武器を得ることになり，利用者や利用者家族への注意が行いやすくなります。

　実際に解除まではしなかったとしても「今度このようなことがあったら，この条項に基づいて解除しなければなりませんので，その際には自主的に転居を検討してください」などと，別の方向からのアプローチも可能となります。

　なお，実際には，〈**よくある解除事由の例**〉であっても，「著しい不信行為を行うことなどによって，本契約を継続しがたい重大な事情を生じさせた場合」を規定していることから，これらに基づいて解除事由を主張することが可能な場合もあります。そのため，利用契約の改正前であっても，この条項を根拠として解除を求めることもあり得ます。

　実際に利用契約を解除する場合には，行政や他の事業者との連携も不可欠ですし，適切な手順を踏みながら解除の意思表示をする必要があります。利用契約の解除を検討しなければならない事態となった場合には，早期に行政や顧問弁護士等の専門家と連携し，スムーズな対処ができるようにしましょう。

［弁護士伝授！クレーマー対策］契約解除に関する契約書の書き方講座
https://www.youtube.com/watch?v=En6mS1ZnL6Y

Ⅰ　契約締結場面のい・ろ・は

11 契約時に交わしておくべき書類とは？

他に気をつけておく書類はありますか？

Q　契約時は，事前説明のチャンスになる?!

　契約締結時には，利用契約書の他，重要事項説明書，個人情報の使用の同意書，預り金等がある場合の預かり証など，法令上，利用者や契約者との間で取り交わさなければならない書類が多くあります。もちろん，これらについては，漏れなく取り交わす必要はありますが，他にも，契約締結時点で配付をしておくことが有効なものもあります。

　たとえば，以下のようなリーフレットを，契約締結時点で配付し，その内容を説明しておくことをおすすめしています。

---

①　パワハラ，セクハラなどについての注意喚起するリーフレット
②　介護事故が起きたとき等に協力してほしい旨のリーフレット

---

　①については本書112頁，②については本書33頁でも具体的なリーフレットの内容について説明しているので，参照してください。

　いずれも，本来は発生してはいけない事態に対する注意喚起ですが，まだ発生していないからこそ，事前に説明をしておくことが有効です。

　なぜなら，実際に問題が起きると，利用者や利用者家族だけでなく，事業者も冷静ではいられません。そのため，その段階になってから説明をしようとし

ても，利用者や利用者家族がすでに聞く耳を持てない状態になっていたり，事業者も正確な説明ができず，余計に紛争が激化してしまったりする可能性もあります。「聞いてないよ」「そんなことは先に説明しろ」などと言われてしまうような場合です。

　そのため，もし①②のような事態が発生した場合，事業者としてどのような措置をとるか，利用者や利用者家族に対してどのような協力を求めることがあるか，また，①や②の事態が起こらないように，日頃どのような連携をすべきかについて，リーフレットをとおして説明をしておきましょう。

　これにより，実際に問題が発生した際に，先に配付したリーフレットを見せながら，「契約時にもご説明しましたように」と説明することができ，利用者や利用者家族が感情的になって，問題が大きくなることを防ぐことができる場合があります。

　さらに，リーフレットの作成は，単に将来の問題発生に備えておくだけではありません。たとえば，①や②を説明しながら，利用者や契約者から利用者の性格や癖など，事故や事件に発展し得る情報を聞いておいたり，緊急時の連絡方法を具体的に確認しておいたりすることも有益です。

　また，心配になる事態が起きたときにどのようになるのかを説明しておくことは，利用者や利用者家族に安心感を与えます。これは，何かが起きたとき，一番不安になるのは，この先どうなるかがわからないときだからです。ここまで考えているんだ，こんな対応まで準備しているんだ，という安心感を与え，これから利用を開始する上で信頼関係構築にも役立ちます。

　ぜひ，リーフレットの作成を検討してみてください。

12 「介護事故が起きても責任を負わない」という内容の誓約書って有効なの？

> 契約の時に誓約書をとっておきたいんですが，これって有効になりますか？

Q 「介護事故が起きても責任を負わない」という内容の誓約書の意義は？

　事業者から，「介護事故が起きても責任を負いません」という内容の誓約書を利用者から取りたい，との相談を受けることがあります。その真意としては，利用者にとってよいサービス（たとえば，体に負荷のかかるリハビリ）を実施しようとすると，どうしてもリスクが高くなってしまうため，よいサービスを提供しつつ，事業者側のリスクを最小限にできるような形にしたいという想いであり，実際にすべての責任を免れようとまでは考えていない場合が多い印象です。むしろ，利用者のことを真摯に考える意識の高い事業者からの相談が多いです。

　しかしながら，事業者からこのような誓約書の相談を受けた場合には，「作らないほうがいい」と説明をしています。

　その理由は大きくは２つあり，１つは，そもそも事故の責任を全く負わない，

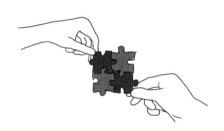

という合意がおよそ有効にはならない点があげられます。なぜなら，利用者にとっては，一方的に不利益でしかない合意であり，このような合意が有効になれば，介護事故にあったにもかかわらず，賠償が受けられないという利

用者にとって非常な酷な状況になってしまうからです。

　もう1つは，このような誓約書を取ることにより，利用者，利用者家族との信頼関係を損ねかねない点です。これからサービスを受け，信頼関係を築いていこうという段階で，いきなり事業者から「事故が起きても責任を負いません」と言われてしまえば，「この事業者は，何かあっても対応してくれないのではないか」と利用者や利用者家族が不安に思うのは当然です。

　このような事情から，「介護事故が起きても責任を負わない」という内容の誓約書は作成すべきではないのです。

　もっとも，事業者側が，どれだけ気をつけていても事故が発生してしまうことはあり，そのことを利用者や利用者家族に事前に伝えておきたいという気持ちは理解できますし，伝えておくべきでしょう。そこで，たとえば，「どれだけ気をつけていても事故が発生してしまうことがあります。その際には，事業者としても速やかに対応をしますが，利用者のみなさまやご家族のみなさまにも，協力をあおぐことがありますので，その際にはご協力を宜しくお願い申し上げます。」などといった，事故の際の協力を依頼する，という形で，具体的な保険対応のことや協力の内容をリーフレットなどで説明しておくことがよいでしょう。

　契約段階での信頼関係が，後の関係性に大きく影響しますので，注意しましょう。

［介護保育］契約書の注意点を専門弁護士が解説!!!
https://www.youtube.com/watch?v=pwwZKo4rh3M&t=2s

Ⅱ

介護事故と
ヒヤリハットに関する
い・ろ・は

1　はじめに

> 介護事故が起こるのは，事業者としては本当に怖いです。どんな対策をすれば，事故は防げるのでしょうか。また，実際に事故が起こったら，どんな対応をしたらよいのでしょうか。

Q　介護事故は，最も事業者がおそれる出来事の１つ。どう対応？

介護事業者にとって，介護事故は，最もおそれ，気をつけているものの１つではないでしょうか。

Ⅱ−2でも解説するように，介護事故は，その性質上，どれだけ気をつけていても起きてしまうものです。

そのため，実際に起きる事故への対応はもちろん重要ですが，より重要なことは，起きてしまった事故を繰り返さないことです。

また，日々の業務の中では，事故と似た概念として「ヒヤリハット」と呼ばれる「事故未満」の事象が多く存在し，記録をとっている事業者も多いのではないかと思います。

この「ヒヤリハット」を活用することで，重大な事故になる前に対策をとることができる場合もあります。

本章では，まずは介護事故に対する心構えを確認した上で（Ⅱ−2），事故発生時に利用者や利用者家族との対応として，謝罪をしてもいいかどうかについて（Ⅱ−3）解説し，実際に発生した事故を繰り返さないための事故報告書の書き方（Ⅱ−4，5，6，7，8，9，10）と，その活用方法（Ⅱ−11）に

ついて解説します。

　そして，事故未満の事象である「ヒヤリハット」の記録方法や活用方法（Ⅱ－12，13，14，15）についても解説しますので，介護事故に強い事業者を作るための具体的な方策を，一緒に考えていきましょう。

2　介護事故に対する心構え

介護事故が起きてしまったらどうしよう？　なんとか事故を防ぐ方法はないものか……

　介護事業者では，常に，介護事故が起きないように日々気をつけながら運営をしています。しかしながら，利用者の体調や心身の状況，人員の制限から，どうしても避けることができない事故も存在します。

　だからといって，たとえば足腰に問題を抱えている利用者について，利用者が歩き回って転倒することがないよう，車椅子，椅子，ベッドなどに拘束してしまう，部屋の鍵を閉めて出られなくしてしまうなどの措置をとれば，たしかに怪我はしないかもしれませんが，これにより利用者のADL（日常生活動作）は著しく低下しますし，さらには「虐待」であると認定される可能性もあります。

　つまり，利用者にできる限り健やかに，通常の生活を送ってもらおうと思えば，介護事故を0にすることは不可能なのです。必要以上に介護事故の発生をおそれて，本来すべきサービスがおざなりにならないよう気をつけましょう。

Q　介護事故に対する心構えは？

　介護事故は起きてしまうものと考えたとき，重要なことは，介護事故が起きた際の対処法を，いかに事業所内で共有ができているかです。

　具体的には，まずは事故が起きた際，利用者の救命等のために誰がどのような対応をするか，どこに誰が連絡をするか，といったマニュアルの整備です。

事故対応マニュアルを整備している事業者は多いと思いますが，行政等のひな型をそのまま利用しているだけで，事業者の実態に即していない場合も多いのではないでしょうか。この機会に，一度マニュアルを見直してみてください。

　さらに，事故が発生した際，事故報告書を作成しますが，その中では，なぜ事故が起きてしまったのか，そしてこれに対して事業者としてどのような対策ができるかについて，しっかりと検討をする必要があります。この点については，事故報告書の書き方の部分で具体的に説明します。

　このように，介護事故は起きてしまうものである，ということを前提に，介護事故を防ぐためのさまざまな計画を立て（Plan），これを実行し（Do），これによってどのような結果がもたらされたかをその都度確認して（Check），さらなる改善を求めていく（Action），といういわゆるPDCAサイクルの考え方が，介護現場でも役立つのではないかと思います。

Q　介護事故を隠すのはNGですよね？

　介護事故により，多額の賠償金が請求されることなどをおそれ，事故状況等を隠したくなる気持ちも起こるかもしれません。

　しかしながら，事業者は，介護事故について賠償保険に加入していますので，介護事故により運営が立ち行かなくなることはありません。

　むしろ，嘘の報告をしたり，事故があったにもかかわらずこれについて十分な対処をしなかったりすることで，さらに大きな事故につながる可能性もありますし，行政からの指導を受けて，最悪の場合には，指定の効力停止や取消しもあり得ます。

　事業者としては，起きた事故については真摯に対処した上で，今後の事故防止のため，その検討を怠ってはいけません。

コラム　介護事故の隠蔽は虐待！

> 介護事故はわざと起こしているわけではないの
> に，虐待とどう関係があるんですか？

　「虐待」と聞くと，とても悪質でショッキングな行為を連想されるのではないかと思います。

　たとえば，わざと殴る，突き飛ばす，首を絞めるなどの暴行が，虐待に当たることはもちろん疑いがありません。しかしながら，高齢者虐待防止法が規定する虐待の定義には，実はこの暴行が「わざと」行われたことは要件となっていないのです。

　具体的には，「身体的虐待」の定義は，

> 高齢者の身体に外傷が生じ，又は生じるおそれのある暴行を加えること
> （高齢者虐待防止法2条5項1号イおよび2号）

とされています。

　たとえば，利用者を移譲介助する際に，体をベッドや壁にぶつけ，痣になっているにもかかわらずこれを放置するなどしていた場合，まさに「高齢者の身体に外傷が生じ，又は生じるおそれのある暴行」に当たる可能性があります。

　また，高齢者虐待防止法は，「身体的虐待」の他に「介護・世話の放棄・放任」も虐待として定めており，これは

> 高齢者を衰弱させるような著しい減食又は長時間の放置その他の高齢者を養護
> すべき職務上の義務を著しく怠ること
> （高齢者虐待防止法2条5項1号ロおよび2号）

を指します。

　たとえば，1人で座位の姿勢を保てない利用者を，そのことを知りながら座らせた状態で放置し，転倒させたとすれば，「高齢者を養護すべき職務上の義務を著しく怠る」行為をしたと評価されてもおかしくはありませんし，さらにその発覚をおそれ，転倒して怪我をしていることを把握しながら放置したとすれば，虐待の評価を免れることはできないでしょう。

　介護事故が起きた場合，1番に確保すべきなのは利用者の身体生命の安全です。それにもかかわらず，自らの行為の発覚をおそれて何らの処置もしなければ，これは自ら暴行を加えたのと同義といっても過言ではありません。

　このように，介護事故そのものが「虐待」と認定されることもあれば，介護事故を隠蔽するために，怪我をした利用者を放置することが「虐待」とされることもあります。

　事業者としては，職員の研修等を通じて，虐待への意識を改めるようにしましょう。

［隠蔽は危険！］介護事故・虐待の放置・隠蔽は絶対にダメです！
https://www.youtube.com/watch?v=1obO3dyFDUs

3　事故が起きたときって，謝っていいの？

> 事故が起きたときに謝ると責任を認めたと言われるので，謝らないほうがいいって聞いたんですが……

Q　謝ったらだめだ！　とよく言われるけど……どうしたらいい？

　事業者からの相談で，「事故が起きたときに謝ってしまうと，責任を認めたと言われるんじゃないですか？」と聞かれることがあります。実際に，事故直後に，施設長が利用者や利用者家族に謝罪したことから，責任を認めたとして，損害賠償を請求され，裁判になっているケースもあります。

　しかしながら，事故の中には，どれだけ気をつけていても防ぐことができず，事業者に責任のない事故も多々あります。このような場合に，事業者が，たとえば怪我をした利用者の方に謝罪することなく「うちには責任はないので……」などと言えば，反感を買うのは当然です。むしろ，「うちに来てもらっている中で，怪我をさせるような事故が発生してしまい申し訳ありません」などと，謝罪をし，寄り添う気持ちを見せたほうが，利用者や利用者家族の感情も落ち着くことが多いのではないでしょうか。

　ここでは，謝罪には，「道義的な責任を認める謝罪」と「法的な責任を認める謝罪」がある，ということを頭に置きましょう。

　「法的な責任を認める謝罪」となると，話は別です。法的な責任があるかどうかは，裁判所が判断することであって，事業者や職員が判断できることではありません。事業者側がする謝罪は，あくまでも「道義的な責任を認める謝罪」です。

「道義的な責任を認める謝罪」は，まさに，このような事故が発生したことへの遺憾の意を示す行為であり，このような謝罪をしたとしても，責任を認めたことにはなりません（東京地方裁判所立川支部平成22年12月8日判決判タ1346号199頁）。

他方，たとえば，事故が発生した後，利用者や利用者家族が，事業者の職員に対して「事業者に責任があると一筆書け！」「治療費をすべて支払うと約束しろ！」などと迫ってくることがあります。このような，何らかの合意を伴うような謝罪を求められた場合には，決して一筆書いたり，口約束であっても約束をしてはいけません（録音されているケースなどもあるからです）。もちろん，職員の1人が責任を認めたからといって，必ずしも事業者として責任を認めたことにはなりません。しかしながら，このような約束を言質に，より強い態度で臨んでくることも考えられますし，仮に裁判になった場合に，事故自体には事業者の責任はなくても，利用者との間で具体的な金額を支払う旨の合意をした，といった認定を受ける可能性もあり得ます。

「道義的な責任を認める謝罪」は積極的に，「法的な責任を認める謝罪」は慎重に行うようにしましょう。

［事故発生時の謝罪］謝罪はしても良いか？2つのポイントを理解せよ！
https://www.youtube.com/watch?v=p_40s1G03C0&t=88s

［介護保育］事故直後にお金の話ばかりされたらどう対応すれば良い？
https://www.youtube.com/watch?v=8N6kNHa4lYw&t=75s

4 事故報告書の意義

事故報告書を書くのって大変だけど，何のために書いているのでしょうか？

Q　どうして事故報告書を作成しなければいけないのでしょうか？

事業者は，厚生労働省が定める指定基準に基づき，サービスの提供により事故が発生した場合には，速やかに市町村に連絡を行うこととされています。報告対象となる事故類型は，各自治体の取扱いにより異なりますが，原則としては，①死亡に至った事故，②医師（施設の勤務医，配置医を含む）の診断を受け投薬，処置等何らかの治療が必要となった事故が対象となります。また，事業者は，上記の指定基準に基づいて，事故の状況および事故に際してとった処置についても記録しなければならないとされており，後で解説する事故報告書の書式にも，これらを記載するようになっています。

日々多忙な業務に追われている職員の中には，事故報告書の作成を非常に負担に感じる方もいるでしょう。

しかしながら，事故報告書を作成する最も大きな目的は，事故の原因を分析し，今後同じような事故が発生しないように対策をすることにあります。たとえば，同じような事故が，同じ事業所で繰り返し発生しているような場合，先の事故の後，対策がとられていなかったために後の事故が発生したとすれば，事業者は責任を免れることはできません。

不幸にも発生してしまった事故について，これを記録し，原因を分析し，今後の対策を検討し，実践する，というルーティンができれば，これらのノウハ

ウは事業所の財産になります。そして，事業所全体でノウハウを共有することで，「こういうときどうしたらいいんだろう？」と，スタッフが1人で悩むことも少なくなります。

Q　事故報告書を作成する際のポイントを教えてください。

　事故報告書の様式については，令和3年に，厚生労働省から介護保険施設等における事故の報告様式が公表されました。この様式は，「介護保険施設等」の様式とされているものの，居宅介護サービス事業所でも，記載内容を工夫すれば利用することができます。

　しかしながら，同じ事業所で，同じ様式を用いているにもかかわらず，事故報告書ごとにその記載内容が統一されていない場合があります。記載内容が異なってしまう理由としては，その項目に具体的に何を書けばいいのかについてイメージが共有できていない，職員によって文章の得手不得手があるなどが考えられます。

　そこで，次項以下では，事故報告書の記載を以下の項目ごとに解説します。

---

① 　事故の発生日時と事故報告書の提出日
② 　事故の発生場所
③ 　事故の発生状況
④ 　事故の発生時・発生後の対応
⑤ 　事故の原因分析
⑥ 　今後の対策

　なお，厚生労働省の様式を利用する場合でも，Excelファイルであれば記載する欄を大きくしたり，手書きの場合でも，様式とは別途，詳しい事情を記載したり，図や再現写真を付ける別紙を添付したりすることなどは自由です。

　行政への報告義務の履行と，事業所内での事故の再発防止に資するような事故報告書の記載方法を，身につけていきましょう。

5　事故報告書の書き方のポイント①
──発生日時と事故報告書の提出日

この事故って，一体いつ起きたんですか？

> **Q**　事故報告書の「発生日時」を記載する際の注意点を教えてください。

〈様式〉

発生日時	西暦		年		月		日		時		分類（24時間表記）

　厚生労働省の事故報告書の様式には，「発生日時」を記載することになっています。

　「発生日時」は，まさに事故が発生した日時ですが，この「発生日時」は，報告者が事故を発見した「発見日時」とは異なることがあるため，注意が必要です。

　たとえば，当該事故が，事故報告をするスタッフの目の前で発生した場合（目の前で車いすから転倒するなど）には，「発生日時」と「発見日時」は同じ日時となります。

　一方，当該事故を見たスタッフはおらず，事故の結果のみを発見した場合（利用者の居室を訪問すると，利用者が倒れていたような場合）には，事故の「発生日時」と「発見日時」は異なることになります。

　この「発生日時」と「発見日時」の間にどの程度のタイムラグがあるかにより，事業所の管理体制の見直しが必要になる場合があります。

　事故が発生したということは，利用者に身体的危険が及んだということです。

それにもかかわらず，事故が長時間にわたって発覚しなかったとすると，利用者の生命・身体に関わるより深刻な結果をもたらしかねません。したがって，事故の発生から事故の発見までの間は，短時間であることが望ましく，仮にそうでない場合には，なぜ事故の発生と発見との間にタイムラグが発生したかについて，しっかり分析をしておく必要があります。

　つまり，事故後の対応と管理体制の見直しにとって，この2つを区別しておくことは重要なのです。

Q　「発生日時」と「発見日時」を区別しないと，どんな問題がありますか？

　さらに，行政の職員の立場から考えてみましょう。

　たとえば，事故の発見者が，事故そのものを目撃したのではなく，すでに発生した事故を発見したような場合，事故報告書を読む側としては，当然「事故の発生がいつなのか」が気になります。行政の職員も，タイムラグを確認することで，事故後の対応や管理体制の状況を把握したいからです。

　事故が発生してすぐであれば，発見者も事故の状況をしっかりと覚えており，事故の発生と発見との間にタイムラグがあるか否か，タイムラグがあるとしてどれぐらいの時間か，そして，なぜタイムラグがあるのかなどについて，ある程度説明が可能です。

　しかしながら，行政の職員から聴取調査を受けるのは，必ずしも事故のすぐ後ではありません。事故の発生から数カ月後に実地指導等があり，その際に確認をされる場合もあります。

　もし，行政の職員から，「事故の発生はいつだったんですか」と尋ねられた際，報告者が曖昧な態度をとったり，「どうして発見にそれほど時間がかかったんですか」と尋ねられた時に説明ができなかったりすると，仮にそれが，昔のことで記憶が曖昧になっていただけであっても，「何か隠しごとをしているのではないか」との疑念を抱かれ，さらに厳しい追及を受けることも考えられます。

　このような，痛くない腹を探られないためにも，「発生日時」と「発見日時」にタイムラグがある場合には，「発生時状況」「その他特記事項」等の欄にその旨を記載し，さらにタイムラグが生じた理由を記載しておくようにしましょう。

48

Q 「発生日時」が不明な場合はどうしたらいいですか？

　発生日時については，報告者が事故現場自体を見ていない場合，可能な限り利用者や他の介護職員から聴き取りをしたいところです。

　しかしながら，利用者が当時のことを覚えていなかったり，聴き取りが難しいような心身の状態であったりする場合，発生日時が正確にはわからないことも十分にあり得ます。その場合には，たとえば最後に利用者の様子を確認した時点（最後にスタッフが介助した時点や，ナースコールが鳴った時点など）から，発見するまでの時点を幅のある形で記載する（○時から○時の間）こともやむを得ませんが，その時間帯に事故が発生したと考えた具体的な事情を，可能な限り記載するよう心掛けてください。特に根拠もないのに，「○時ごろ」などと記載することは避けるようにしましょう。

Q 「提出日」の記載で気をつける点はありますか？

〈様式〉

※第1報は，少なくとも1から6までについては可能な限り記載し，事故発生後速やかに，遅くとも5日以内を目安に提出すること

※選択肢については該当する項目をチェックし，該当する項目が複数ある場合は全て選択すること

□第1報　　　　□第＿＿報　　　□最終報告	提出日：西暦　　年　　月　　日

　「提出日」は，その名のとおり，事故報告書を提出する日を記載するのですが，厚生労働省の様式には，「提出日」の他，その提出が「第1報」かそれ以外かをチェックする欄があります。

　事故報告書の第1報については，可能な限り5日以内に提出することが求められていますが，このチェック欄からもわかるように，事故報告書は1回出せば終わりではなく，状況が変化したり，進捗があったりする都度提出されることが想定されているのです。

　そのため，第1報提出後，その後に修正や追記があることは織り込み済みですので，1回目の報告ですべて網羅的に報告をしなければならないということ

ではありません。焦らずに調査や検証を行い，判明した項目を追記していくようにしてください。

　また，この「提出日」の記載は，忘れずに正確に記載することが必要です。

　提出日を記載しなかったことで，行政への報告の時期や時系列が曖昧になり，発覚した事実との先後関係で隠蔽を疑われるなど予期せぬ事態が発生することがあり得ます。

　「行政に提出しているから，日付は行政が証明してくれるだろう」と思うかもしれませんが，行政側も多くの事務処理を行っており，ときには受付印を押す日がズレたり，受領した日を誤って記録したり，場合によっては記録をし忘れたりすることもあります。

　細かいところですが，しっかり確認するようにしましょう。

ここがポイント！

　時間帯を記載する場合には，可能な限り分単位まで，明確に記載するようにしましょう。たとえば「午前10時頃」と記載をした際，「頃」の感覚は人によって異なります。具体的には，「午前10時頃」を，午前9時55分から午前10時5分までの間など，短い間隔でとらえている人もいれば，午前9時40分から午前10時20分までの間など，かなり長い感覚でとらえる人もいます。

　このように幅のある時間を記載した際，何が起こるのでしょうか。

　たとえば，事故に対応している時間が「午前10時頃」であり，記録上残っているサービス提供時間が「午前10時から」だったとします。実際には，午前9時50分頃に事故を発見し，初期対応のみを行って他の職員に引き継ぎをして，その後午前10時から別のサービスの提供を行っていたかもしれません。しかしながら，この記録だけを見ると，サービス提供時間中に他の事故の対応をしていたように思え，この記録を確認した行政の担当者からすれば，記録どおりのサービス提供ができていないのではないかとの疑念を抱く可能性もあります。

　このような要らぬ疑念を抱かせないよう，日頃から，事故発生に限らず何かが発生した際には，しっかり時間を確認する習慣を身につけましょう。

6　事故報告書の書き方のポイント②
――発生場所

この事故，一体どこで発生したんですか？

> **Q　事故報告書の事故の発生場所等を記載する際の注意点を教えてください。**

　事故報告書を作成するにあたっては，事故の「発生場所」を正確に記載することも重要です。

　なぜなら，同じ「転倒」であっても，柔らかい絨毯の上での転倒とフローリングでの転倒では状況が大きく変わります。また，転倒した場所が全く何もない場所であるか，テーブルや椅子などの障害物が多い場所であるかによっても，危険度は大きく変わります。

　たとえば，事故報告書を検討した際に，同じ場所で頻繁に事故が起きていることがわかれば，当該場所に何らかの危険（床が滑りやすい，段差があるなど）が存在していることは明らかです。何度も同じ場所で事故が起きているにもかかわらず，事業者としてこれを放置してしまうと，次に同じような事故が発生した際には，事業者に対して重い過失が認定されることになります。

　もっとも，事故報告書の書式上は，「発生場所」はチェック方式となっており，細かい事情を記載する欄がありません。そのため，事業者としては，事故報告書を事故の再発防止に資するものとするため，追加でさまざまな事情を付記しておくことが必要となるのです。

Q　具体的に，わかりやすい発生場所の記載方法を教えてください。

　事故の「発生場所」については，言葉で記載することも重要ですが，何より
も事故報告書を読んだ人が，事故状況の「絵」を思い浮かべることができるよ
うな記載をしたいところです。

　たとえば，別紙をつけて事故発生の場所を図示するといった方法もあります
が，最も簡便な方法としては，事故報告書に施設内の見取り図等を添付し，事
故の発生場所を「×」印等で指摘するという方法があります。

　または，事故現場の写真を撮影し，その写真を貼付するという方法も，簡便
かつイメージがわきやすいため，実践していただきたい方法です。

　実際に，事故状況を言葉で説明するにはある程度の文章力が必要であり，こ
の事故状況を説明するだけで相当な業務時間を割いてしまうことになると，他
の業務への支障も懸念されます。そのため，図面へのチェックや写真で報告を
できるようにすれば，文章で記録するよりも報告の負担を減らすことが期待で
きるでしょう。

　このように，第三者が見てもわかりやすい事故報告を作成しておくと，実地
指導の際に，行政の担当者への説明も行いやすいですし，事業所に対する好印
象を与えることができると思います。実地指導では，最初にヒヤリハット報告
書や事故報告書を確認することが多いので，好印象を与えることができるよう
日頃から報告書の作成に注力できるようにしましょう。

ここがポイント！

　事故の「発生場所」を具体的にイメージできると，その場所がはらんでいる
危険因子にもあわせて意識が及びます。たとえば，転倒した場所を確認すると，
絨毯が一部めくれて足が引っかかりやすくなっていた，細かな段差があったな
ど，スタッフが通常業務をしている中では気づかない程度のものであっても，
利用者にとっては危険な状態となっていたことに気づくこともあります。

　事故報告書は，発生してしまった事故を分析することで，以後同じような事
故が起きないようにするために重要なツールとなるのです。

実践してみよう！

〈事故報告書の書き方のポイント②──発生場所〉

例：デイサービスを利用していた利用者が廊下で転倒していた。

◇厚生労働省の様式

発生場所	☐ 居室（個室） ☐ 居室（多床室） ☐ トイレ ☐ 廊下
	☐ 食堂等共用部 ☐ 浴室・脱衣室 ☐ 機能訓練室
	☐ 施設敷地内の建物外 ☐ 敷地外
	☐ その他（　　　　　　　　　　）

様式上は，発生場所をチェックすれば
よい形式となっている

場所だけでなく，その場所の具体的な状況や
位置によって，その事故の危険性や今後の対
策内容が変わってくる！

◇**別紙の作成例①**

　別紙として現場の状況を図示したり，施設内の見取り図を付けたりして，事故現場に「×」印を付ける。

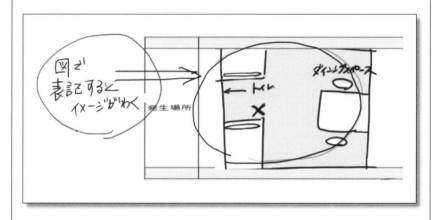

◇**別紙の作成例②**

　現場の写真を撮影して別紙の台紙に貼り付け，コメント等を書き込む。

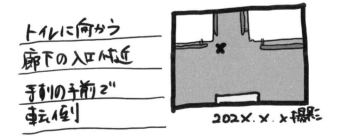

7　事故報告書の書き方のポイント③
──発生状況

> 説明してくれているけど，事故のイメージがわかないなあ…

Q　事故の「発生状況」を記載する際の注意点を教えてください。

　事故の「発生状況」は，事故報告書の中で最も重要な記載事項であり，可能な限り詳細な記載をする必要があります。

　しかしながら，さまざまな事業者の事故報告書を見ると，そもそも書式において「発生状況」欄が小さく，十分な記載が難しい場合や，書式上は，項目が「発生状況，事故内容の詳細」とのみ記載されているために，報告をする人によって報告内容，報告分量が異なる場合がしばしば見られます。

　事故報告書には，事故態様や事故原因等を分析・検討することで，今後同様の事故が起きないように対策を練る材料になるという大切な役割があります。そして，そのような役割を果たすためには，十分な事故情報が報告書に表れている必要があり，そのためには，「報告者によって各項目が違う」ということは可能な限り避けるべきです。

　記載内容を統一化するためには，記載すべき事項をある程度定型化して例示しておき，この例示した項目に沿って事故状況を記載していくことが効果的です。そうすることで，自然と必要な事故情報が記載されるようになるからです。

　まずは，これまでに作成してきた事故報告書を確認してみましょう。

> **Q　具体的に,「発生状況」についてどのような項目を設ければよいですか。**

「発生状況」として,必ず記載をしてほしい項目は,以下のとおりです。

---

① 　発生を覚知した状況（報告者が事故に気づいた端緒）

② 　事故の態様（目の前で事故が発生した場合は,利用者が何をしていてどの
　ような事故になったかを記載。起こった事故を事後的に覚知した場合は,発
　見時の様子と利用者から聞き取った事故の状況を記載）

③ 　事故発生時（または覚知時）の利用者の状態（顔色,声を掛けたときの様子,
　怪我をしている場合は怪我の状態等）

④ 　現場の状況（壁,床などの状態,障害物等の有無,その場にいた他の利用
　者やスタッフの数など）

⑤ 　その他

　これらの事項を,事故報告書の「発生状況,事故内容の詳細」の欄に事前に
記載しておいたり,これらの項目の欄を設けた別紙を作成しておいたり,記載
例として事故報告書の書式に添付しておいたりするなどの工夫をすることで,
記載の漏れが減ることになります。特に②については,言葉だけではなく,事
故状況を図示したり,事故状況を再現し,その様子を写真撮影して別紙で添付
したりするなど,読み手に事故の発生状況が「絵」「イメージ」で伝わるよう
に意識しましょう。

ここがポイント！

　事故報告書上,事故の「発生状況」だけを見ると非常に危険な事故状況であ
るのに,「発生後の対応」を見ると様子見だけで終わっている,というような
場合があります。これは,実際には非常に軽微な事故態様であったにもかかわ
らず,事故状況の説明がないせいでその軽重が不明で,事故の状況が「絵」
「イメージ」で伝わらなかった結果,実態以上に重大な事故が発生したように
見える状況です。これを行政の職員が見た時,「この事業所は事故対応がうま
くいってないのではないか」との疑念を抱かれる可能性があります。

そもそも，冒頭でも指摘したとおり，事故の具体的な「発生状況」は，事業所にとって蓄積すべき重要な情報です。二度と同じ事故を繰り返さない，という意識をもって，報告書の作成に取り組むようにしてください。

実践してみよう！

〈事故報告書の書き方のポイント③―発生状況〉

例：デイサービスを利用していた利用者が廊下で転倒していた。

◇**厚生労働省の様式**

発生時状況，事故内容の詳細	

様式上は何を具体的に書けばいいかについて特に記載がない

記載内容が統一されず事故状況を十分に記録できない

◇記載方法の一例

書式の中に項目欄を設けておいて，必要に応じて別紙を添付する

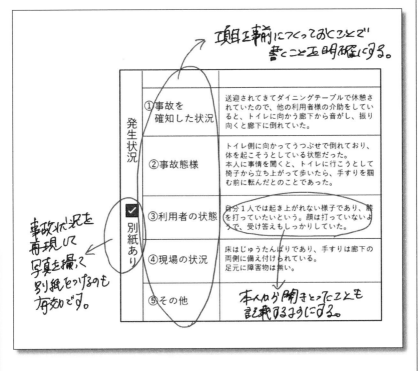

記載欄はそのままとして，記載例として，
上記のような記載例を添付しておくことも有効。

8　事故報告書の書き方のポイント④
——発生時・発生後の対応

どうして事故が起きた後，様子を見ただけで何もしなかったんですか？

Q　事故の「発生時・発生後の対応」を記載する際の注意点を教えてください。

　事故が発生した際，実際には適切な対応をしているにもかかわらず，対応状況の記載が不十分であったり，噛み合っていなかったりする結果，実際には何を行ったのかがわからない場合があります。このように見える一番の原因は，言葉が足りないことです。そして，言葉が足りない理由は，たとえば報告書の書式の欄が小さすぎて書き切れない場合や，忙しくて記載する時間がないことの他，やはり，何をどのように書けばよいのかわからないことも多いのではないかと思います。

　事故発生時・発生後の対応についても，「発生状況」と同様，記載する項目を書式の中に組み入れたり，別紙を添付したり，記載例を添付したりして，これらに沿って記載をすることで，自然と必要な情報が記載される，という形式のものにできることがベストです。

Q　具体的に，「事故発生時・発生後の対応」について，どのような記載をすればよいですか？

　厚生労働省の様式では，「事故発生時・発生後の対応」として，ある程度詳

しい事情を記載できる欄が設けられています（本書60頁）。

　これらの他，「発生時の対応」として記載しておくべき事項としては，以下のようなものがあります。

---

　①　発見者がその場で行った行動（抱き起こした，声をかけて状況を聞いた，外傷等の確認をした，バイタルを計測したなど）
　②　治療の有無（看護師に診てもらう，医師に診てもらう，病院へ連れて行く，何もしない，など）およびその理由（痛みの訴えや，外傷があったから病院へ連れて行った，①に問題がなかったから医師に診せるのは見送った，など）

---

　②については，「なぜそうしたか」という理由を必ず記載するようにしてください。少なくとも，その記載を見れば記憶喚起ができる程度の記載を心がけましょう。

　また，「受診方法」以下の記載については，医療機関を受診した場合は，医師からの所見等について正確に記載するようにしましょう。

　「検査，処置等の概要」については，たとえば受診後経過観察となった場合，なぜそうなったのかを記載しておくことが重要です。

　「利用者の状況」に関しては，実際に職員が見た利用者の状況の他，利用者が受け答えができる状況である場合は，質問に対する回答の内容も記載するようにしましょう。

　さらに，「家族等への報告」については，時間帯等によっては，ご家族と連絡が取れない場合もあり，すぐに報告ができないこともあります。その場合は，「本人，家族，関係先等への追加対応予定」の欄に，まず第1報をいつ入れ，その結果がどうであったか，その後さらにどのように連絡を取ったかについて，経過を記載しておくとわかりやすい事故報告書になります。

ここがポイント！

　事故が起きた場合，その場でどのような対処を行うかは，当然事故の「発生状況」を基に判断されます。この事故の「発生状況」と「発生時・発生後の対

応」を結ぶのが「理由」です。なぜそのような対応をしたか，という「理由」の記載を意識することで，「理由」の前提となる「発生状況」についても，言葉足らずとなることが少なくなります。

また，一見して第三者が納得できるような理由を記載することも重要です。たとえば，血が出ていたり，頭を打っていたりするのに，「何もしない」という対応を選択することは，よほど特殊な事情がなければあり得ない対応ですので，そのような場合はしっかりとした理由を記載する必要があります。

実践してみよう！

〈事故報告書の書き方のポイント④―発生時・発生後の対応〉

例：デイサービスを利用していた利用者が廊下で転倒していた。

◇**厚生労働省の様式**

5 事故発生時の対応	発生時の対応			
	受診方法	□施設内の医師(配置医含む)が対応　□受診(外来・往診)　□救急搬送 □その他（　　　　　　　　）		
	受診先	医療機関名		連絡先 (電話番号)
	診断名			
	診断内容	□切傷・擦過傷　□打撲・捻挫・脱臼　□骨折（部位：　　　　） □その他（　　　　　　　　）		
	検査，処置等の概要			
6 事故発生後の状況	利用者の状況			
	家族等への報告	報告した家族等の続柄	□配偶者　□子，子の配偶者　□その他（　　　　）	
		報告年月日	西暦　　年　　月　　日	
	連絡した関係機関 (連絡した場合のみ)	□他の自治体　　　　□警察　　　　　　□その他 自治体名（　　）　警察署名（　　）　名称（　　）		
	本人，家族，関係先等への追加対応予定			

> ある程度詳しく記載できる欄が設けられているので
> まずはそれぞれ1つずつ確認しながら丁寧に記載することが重要

◇様式の利用例

① 様式の中に記載すべき項目を追記しておく

発生時の対応	① 発見者がその場で行った行動 （抱き起こした，声をかけて状況を聞いた，外傷等の確認をした，バイタルを計測したなど） ② 治療の有無 （看護師に診てもらう，医師に診てもらう，病院へ連れて行く，何もしない，など）およびその理由（痛みの訴えや，外傷があったから病院へ連れて行った，①に問題がなかったから医師に診せるのは見送った，など）

② これらの項目を別紙として事故報告書に添付しておく

9　事故報告書の書き方のポイント⑤
――原因分析

　この事故の原因って，別にあるんじゃないです
か？

Q　事故の原因分析をする際の注意点を教えてください。

　事故報告書を作成する大きな目的は，事故の原因を分析し，今後同じような
事故が発生しないように対策をすることにあります。事故そのものをしっかり
把握したことを前提として，いよいよ原因分析に入りましょう。

　事故の原因を分析する理由は，原因を明らかにすることで，その原因は取り
除けるものであるか否か，取り除けるとすればどのような対策をすべきか，取
り除けないとすればその前提でどのような対策をすべきかを，明確にすること
にあります。

　しかしながら，いきなり原因を考えるといっても，場合によっては雲をつか
むような漠然としたものになり，結局対策につながるような真の原因（真因）
に行き着きません。そのため，事故報告書の中では，「目を離したから」など
の抽象的な原因が記載されがちです。

　原因には，大きく２つの段階があります。

　まず，１つ目の段階が，「事故に直結した原因」です。

　たとえば，事故の内容が，転倒である場合，転倒に直結した原因を考えます。
具体的には，「ベッドの手すりをつかみ損ねたため，ベッドから転落した」「床
が濡れており，そこで滑った」などがあげられます。

　その上で２つ目の段階として「事故に直結した原因の原因」を考えます。

　具体的には，「なぜ利用者がベッドの手すりをつかみ損ねたのか」「なぜ床が濡れていたか」を考えることになります。これらの原因の一例としては，「ベッドの手すりが太く，つかみにくい形状だった」「フローリングの床に利用者がこぼした水がそのままになっていた」などが考えられます。

　なお，この2つ目の段階は，場合によっては，さらにもう1段階の原因の深掘りが可能な場合もあります。たとえば，「フローリングの床に利用者がこぼした水がそのままになっていた」ことの原因を考えると，「利用者が食事中に水をこぼしたことを，職員が把握できていなかった。職員が把握できていなかったのは，1人で複数人の利用者の食事介助をしていたためだ」という具合です。

　このような段階を踏んで事故の原因を考えることで，「では，どうするか？」という今後の対策へ結びつく原因を突き止めることができます。

　はじめは難しいかもしれませんが，事故報告書の書式の中に，「①　事故に直結した原因」「②　①の原因」などといった項目を設け，意識的にこの経過を踏むことで，真因にたどり着くことができます。

　さらに，厚生労働省の様式には，「本人要因，職員要因，環境要因の分析」との記載があるように，原因を，本人要因，職員要因，環境要因に分けてさらに分析していくことも非常に有効です。

　最初は慣れないかもしれませんが，事故報告書の書式の中に，「①　事故に直結した原因」「②　①の原因」などといった項目を設け，さらに本人要因，職員要因，環境要因に分けて分析していくことで，意識的にこの経過を踏むようにしてみましょう。

ここがポイント！

　原因分析の段階になると，実際に事故発見の当事者となった職員だけでは，十分な分析ができないこともあると思います。

　そこで重要になるのが，管理者による「添削」と，スタッフ会議での相談です。

　第三者の目から，事故とその原因を分析してもらうことで，思いもよらな

64

かった原因が浮かび上がり，より適切な対応策が提案されることもあります。たとえば「手すりが太いのが原因だと書いてあるけど，ベッドの手すりと次の手すりまでの距離が長いのが原因ではないか」など，別の視点が示されることで，適切な対応につながることもあります。事故報告書は，必ずしも1人がすべて記載する必要はなく，添削やスタッフ会議を経て，追記することも可能です。事故の発生状況等に比べて，慣れるまでに時間はかかるかもしれませんが，事業者の全員がこれを重要な視点であると共通認識を持ち，意識することが重要です。

実践してみよう！

〈事故報告書の書き方のポイント⑤—原因分析〉

例：デイサービスを利用していた利用者が廊下で転倒していた。

◇厚生労働省の様式

7 事故の原因分析 （本人要因，職員要因，環境要因の分析）	（できるだけ具体的に記載すること）

原因分析の方法を
　① 「事故に直結した原因」と「事故に直結した原因の原因」
　② 本人要因，職員要因，環境要因
に分けて検証する。

◇**具体的な利用例**

7 事故の原因分析 (本人要因，職員要因，環境要因の分析)	（できるだけ具体的に記載すること） 【本人要因】 　①事故に直結した原因 　　足元がふらついた。 　②事故に直結した原因の原因 　　杖や手すりがないと，体のバランスを取ることが難しかった。 【職員要因】 　①事故に直結した原因 　　杖を持たずに立ち上がっていたことに気づかなかった。 　②事故に直結した原因の原因 　　職員が少なく，1人が複数人の利用者を見ている状況だった。 【環境要因】 　①事故に直結した原因 　　利用者が座るテーブルから，手すりのある位置までが遠かった。 　②事故に直結した原因の原因 　　―

原因については，さらに②の原因が考えられる場合は③としてその原因を記載するなど，原因を可能な限り突き詰めていく。

手書きで記載する場合は，該当する項目がない場合は「特になし」「―」などとして，記載がないことがわかるようにしておく。

10 事故報告書の書き方のポイント⑥
──今後の対策

> この事故，何度も起きてるけど大丈夫？

Q　今後の対策を記載する際の注意点を教えてください。

　事故の原因分析ができたら，最後の難関である「今後の対策」について考えてみましょう。

　事故原因をしっかり分析できていないと，対策についても具体性を欠いてしまいます。前項で，事故の原因については，「事故に直結した原因」から，どんどん原因を掘り下げていくことが重要であると説明しました。

　たとえば，前頁の例とは異なり，「環境要因」のうち，「事故に直結した原因」が，「床が濡れており，そこで滑った」であり，床が濡れていた原因が，「フローリングの床に利用者がこぼした水がそのままになっていた」，「職員要因」のうち，「事故に直結した原因」が，「利用者が食事中に水をこぼしたことを，職員が把握できていなかった」，職員が把握できていなかった原因は「1人で複数人の利用者の食事介助をしていたためだ」といった分析をしたとします。このときに考えるべきは，それが「取り除くことができる原因」であるか，「取り除くことができない原因」であるかです。

　たとえば，利用者が食事中に水をこぼすことは，職員がいくら食事中目を離さなかったとしても「取り除くことができない原因」です。この「取り除くことができない原因」は，いくら対策を講じても取り除くことができません。

　そこで，「取り除くことができない原因」の存在を前提として，「取り除くこ

とができる原因」への対策を考えていくのです。具体的には，今回の例で言えば，食事中に付き添う職員の数を増やして，利用者が飲食物を床にこぼした際に，すぐに拭けるような体制にしておく，というのも対策の１つです。

　もっとも，今後の対策は，当然，実現可能なものでなければ意味がありません。たとえば，付き添いの職員を増やすという対策を考えたとしても，付き添える職員の数が十分に確保できなければ，まさに絵に描いた餅です。そのような場合には，たとえば，食事が終わった後，利用者が退席をする前に必ず床の確認，掃除をする，といった方法も，効果的かもしれません。

　このように，今後の対策は，ただ書けばいいものではなく，実現可能で，かつ，効果的な「Plan」である必要があるのです。

ここがポイント！

　「今後の対策」には，第三者の目からのアイデアが必要不可欠です。

　たとえば，同じような事故を経験したことがある他の職員がいた場合，その際にとった対策により，実際に事故を防止できるようになったか否かを確認することができます。

　そして，中には，あまり功を奏しなかった対策，すなわち，当該対策をとっていたにもかかわらず，同様の事故が発生したという場合もあるでしょう。これは，当該対策とは別の対策をとる必要があることを示しており，奏功しなかったにもかかわらず同じ対策を繰り返してまた同じ事故が発生すれば，事業者の責任を問われかねません。

　また，いろいろな対策を講じてもやはり事故が発生するという場合には，原因を取り除くという視点から，当該事故が発生することを前提とした対策へと考え方をシフトしていく必要がある場合もあります。

　たとえば，どうしても転倒事故を防ぐことができない場合に，転倒することを前提として，床に柔らかい絨毯を敷いたり，床に物を置かないようにしたりするなど，といった対策です。

　対策には正解はありません。分析，検討を続けていく中で，各事業者に合った対策をとることができるよう，協力していきましょう。

実践してみよう！

〈事故報告書の書き方のポイント⑥—今後の対策〉

例：デイサービスを利用していた利用者が廊下で転倒していた。

◇**厚生労働省の様式**

8 再発防止策 （手順変更，環境変更，その他の対応，再発防止策の評価時期および結果等）	（できるだけ具体的に記載すること）

分析した原因に直結する再発防止策を検討することが必要。

「取り除くことができる原因」であるか「取り除くことができない原因」であるかを検証し，「絵にかいた餅」にならないような対策を考えることが重要

◇**具体的な記載例**

	（できるだけ具体的に記載すること）
８再発防止策 （手順変更，環境変更，その他の対応，再発防止策の評価時期および結果等）	【本人要因】 　　― 【職員要因】 　職員が少なく，１人が複数人の利用者を見ている状況だったことについて →時間帯ごとのシフトの見直しを行う。 →テーブルや椅子の配置を変えて，視野が広く利用者の様子を見られるように工夫する。 【環境要因】 　利用者が座るテーブルから，手すりのある位置までが遠かった。 →テーブルと手すりまでの間に補助手すりを置く。 →杖を持たずに立たないよう声かけをする。 　○／○　補助手すりを設置

実際に再発防止策を講じた場合は，その旨や対策を講じた日などをあわせて記載しておく。

11 事故報告書ってどうやって活用したらいいの？

> 事故報告書，行政に報告した後は開いたことないな……

Q　二度目の事故は許されない！　事故報告書をどう活用？

　介護事故は，どれだけ気をつけていても起きてしまう時には起きてしまうものです。特に１回目の事故は，事業者としてもやむを得ずに起きてしまうこともあるでしょう。

　しかしながら，もし同種の事故が繰り返し起きる場合，それはやむを得ない事故ではなく，事業者の責任です。一度目は予見ができなかった事故であっても，二度目以降は予見・防止し得るはずだからです。

　事故報告書は，どの事業者も作成をすると思いますが，行政に報告をして，それで終わりにはなっていませんか。実際に事故が起きた場合は，再発防止について，事業所をあげて取り組む必要があるのです。

　具体的には，作成された事故報告書を基に，事故の原因や今後の対策を，実際に事故を体験した職員だけでなく，当該事業所の職員全員で共有し，検討する必要があります。

　たとえば，ある利用者が転倒事故を起こした後，その原因の所在としては，

- 施設自体の構造（床が滑りやすい，手すりがない，床に凹凸がある　など）
- その時に偶然発生した状況（床が濡れていた，荷物が置かれていた　など）

- 当該利用者自体の問題（杖が必要なのに杖を持たずに歩きだしてしまう，長時間1人で歩けない　など）

などが考えられます。

　この中のどれが問題だったのか，または，複合的な問題だったのか，などについて，十分に検討していなければ，また同じ場所で，同じ利用者または別の利用者が転倒してしまうかもしれません。

　介護事故は，同じ事業所でそう何度も発生するものではありません。そのため，一度発生した介護事故の事例は，貴重な教材となります。

　1つの事例を通じて，たとえば

- 今回は共有スペースで転倒したからすぐにスタッフが駆けつけられたけど，もしこれが利用者様の居室で発生していたらどうやって事故を発見できただろうか。
- この利用者様は比較的健康な人だったからこれぐらいの怪我で済んだけど，別の利用者様が同じように転倒したらどうなっていただろうか。
- スタッフの少ない夜間に同じ事故が発生していたら，どんな対応になっただろうか。

など，さまざまなケースを想定して分析を行うと，よりイメージがわきやすくなり，今後の事故の発生を防ぐことができるようになります。

　日々の日常業務の中で，時間を取ることは難しいかもしれませんが，定期的なミーティングを行っている事業所は多いと思いますので，その中で少しずつでも，テーマを決めて検証をしていきましょう。

　これだけの検証をしてもなお，同種の事故が発生した場合には，別の対策を検討することを忘れてはいけません。「Do」の後には常に，「Check」が必要で，これを「Action」につなげていくことが重要です。

　確認と改善を続けることで，事故が起こりにくい事業所を作っていきましょう。

12　「ヒヤリハット」ってどうして記録するの？

> ヒヤリハット報告書って，事故報告書とどう違うんですか？

Q　「ヒヤリハット」は，なぜ記録しなければならないのでしょうか？

　ヒヤリハット報告書とは，事故には至らなかったものの，事故につながるような「ヒヤッとした」出来事，「はっとした」出来事を記録しておくものです。具体的には，利用者が椅子から落ちそうになっているのに気づき，慌てて椅子に戻したので転倒には至らなかった場合，食事の後に飲む薬について，別の利用者が飲んでいる薬を誤って出していることに他の職員が気づき，服用には至らなかった場合，などがあげられます。

　ヒヤリハット報告書を作成する大きな目的は，「ヒヤリハット事案」を事故に発展させないよう，原因を分析し，対策をすることにあります。ハインリッヒの法則は，「同じ人間が起こした330件の災害のうち，1件は重い災害があったとすると，29回の軽傷，300回の傷害のない事故を起こしている」という法則であり，この300件の無傷害の事故の背後には，数千の不完全行動や不安全状態があることを示唆するものです。ここでいう，「数千の不安全行動や不安全状態」が，まさにヒヤリハットであり，これらから目を背けず，しっかり分析・検討することが，330件の大小様々な事故を防ぐことにつながるのです。

　事故が発生すると，原因分析と再発防止策の策定が必要となります（本章9，10）が，それを事故発生前の「ヒヤリハット」の段階で先取りし，事故を予防するのです。介護保険法や厚生労働省の指定基準上は，ヒヤリハット報告書

の作成は義務づけられていません。ただ，実地指導の際には，事故報告書とあわせて確認をされることがほとんどです。ヒヤリハット報告書の内容が杜撰であれば，「書類の管理がきちんとできていない事業者」だという印象を行政の担当者に与え，実地指導の調査が厳しくなることもあります。

　そのような意味でも，ヒヤリハット報告書を作成する意義は決して小さくはありません。

13　これって「事故」？　「ヒヤリハット」？

「事故」と「ヒヤリハット」の違いがわからないんだよなあ……

Q　「事故」と「ヒヤリハット」は何が違う？

　事業者によっては，ヒヤリハット報告書を，事故報告書と同じ書式を使うなどして，同じファイルに綴じて保管していることも多いのではないかと思われます。

　もちろん，次項以下で説明するとおり，具体的な各項目の記載方法等については，概ね，事故報告書と同じです。

　しかしながら，最も注意しなければならないのは，発生した出来事が「事故」なのか「ヒヤリハット事案」なのかの区別です。

　この点について，はっきりとした判断基準を持たず，結果の軽重や雰囲気で，「事故」と判断したり「ヒヤリハット事案」と判断したりしていないでしょうか。

　「事故」なのか「ヒヤリハット事案」なのかの最大の判断基準は，それが「起こってしまった」か「未然に防ぐことができた」かにあります。少々抽象的であるため，具体的に言うと，もし利用者が，転倒してしまったのであれば，怪我等の軽重にかかわらず，それは転倒という事故が「起こってしまった」ため，「事故」となります。一方，利用者が，転倒しそうになったため，慌てて体を支えたことから，そのまま座り込むだけで済んだ場合は，「未然に防ぐことができた」ため「ヒヤリハット事案」となります。また，たとえば投薬の場

面で，誤って別の利用者の薬を「服用」させてしまった場合などは，それが元々その利用者が飲んでいた薬と同じだったり，体に影響がない薬だったとしても，「事故」となります。

「ヒヤリハット事案」を「事故」として報告する場合は，大きな問題はありませんが，逆に「事故」であるにもかかわらず「ヒヤリハット事案」として記録し，事故報告書の提出をしなかった場合，行政に対して報告すべき事故を報告していないことになってしまいます。

今一度，事業所に保管されている事故報告書とヒヤリハット報告書を見比べてみてください。本来「事故」として報告されるべき事案が，ヒヤリハット報告書の中に埋もれているかもしれません。

ここがポイント！

発生した出来事が「事故」であるか「ヒヤリハット事案」であるかの判断は，容易でない場合があります。このような場合に重要になるのが，事故報告書の書き方のポイントでも度々出てくる，管理者による「添削」と，スタッフ会議での相談です。ヒヤリハット報告書を，実際にその事象を経験していない第三者が見て，「これは事故ではないのか？」などの指摘をしてもらうことで，職員間でも理解が深まり，事故の見落としも減ることになります。

ヒヤリハット報告書も，事故報告書と同様，定期的に検討をすることが肝要です。

14 ヒヤリハット報告書作成のポイントは？

実際に，ヒヤリハット報告書を作成するときには何に注意をしたらいいの？

Q　ヒヤリハット報告書のポイントは何？

　ヒヤリハットは，事故が起きる前に発生する事象であり，ヒヤリハット報告書は，その先に起こり得る事故を防ぐために作成するものです。

　したがって，結果として事故につながらなかったからといって，気を抜いてはいけません。まだ起きていない事故であるからこそ，事業所内で情報を共有し，実際の事故につながらないようにすることが重要です。

　ヒヤリハット報告書作成のポイントは，以下のとおり事故報告書作成（本章4）のポイントと概ね共通しているので，事故報告書作成の項目を参考にしていただければと思いますが，ヒヤリハットに特徴的なポイントは⑥です。

---

　① 　発生日時と発見日時
　② 　発生場所
　③ 　発生状況
　④ 　発生後の対応
　⑤ 　発生原因
　⑥ 　ヒヤリハットがつながり得る事故
　⑦ 　今後の対策

　ヒヤリハットは事故が起こる前に発生するという性質上，そのヒヤリハットがさまざまな事故につながり得ます。たとえば，目を離しているうちに，広間の椅子に座っておやつを食べていた利用者が立ち上がっていた，という場合，そのまま転倒する，施設の外に出てしまう，という事故が考えられますし，目を離していた，という原因に遡れば，誤嚥等の事故も発生し得ます。

　普段何気なく起きているヒヤッとした出来事を具体的に検討することで，運営の適正化につながるのです。

Q　ヒヤリハット報告書を作る時間がない……どうする？

　ヒヤリハットは，数が多ければ多いほど分析の対象が増えますし，施設ごとの傾向も捉えやすくなります。

　とはいうものの，ヒヤリハットは通常の業務の中で数多く発生し，その1つひとつを，パソコンに打ち込んだり，手書きで記録に残していくことは，多忙な職員にとって大きな負担となります。

　また，ヒヤリハット報告書を活用する際，数多く存在するヒヤリハット事案から統計をとることは非常に煩雑です。

　そこで，通常業務の中で，ヒヤリハットをできる限り多く集約した上，統計や分析を行うためのツールとして，アプリケーションを使用する方法もあります。具体的には，ヒヤリハットが起きた日時，場所，利用者名，内容等を音声で入力でき，収集したヒヤリハットを自動で集計してくれるアプリなどを利用すると，いつ，どこで，どのようなヒヤリハットが多いか，どの利用者のヒヤリハットが多いのか，どの職員がヒヤリハットを多く入力しているのかが一目でわかり，ヒヤリハットの活用につながります。

　ヒヤリハットの記録に悩んでいる事業者は，一度利用されてみてはいかがでしょうか。

15 ヒヤリハット報告書ってどうやって活用したらいいの？

ヒヤリハットを記録してるんだけど，これって
どう使えばいいんだろう？

Q ヒヤリハット報告書って，どうやって使えばいいの？

　本章14でもお話ししたように，ヒヤリハット報告書は，その先に起こる事故を防ぐために作成するものです。

　職員1人ひとりが意識をするため，まずは記録をするよう習慣づけることが重要ですが，実際にヒヤリハット報告書をまめに作成したり，アプリケーションを利用してヒヤリハットを集約したりしている事業者からは，これらの情報をどのように活用すればいいかわからない，との相談を多く受けます。

　そこで，ここではヒヤリハット報告書の活用例を，お話ししたいと思います。

　ヒヤリハット報告書を検討するポイントは，以下のとおりです。

---

　① 人（誰に関するヒヤリハットが多い？）
　② いつ（どの時間帯のヒヤリハットが多い？）
　③ どこで（どの場所でのヒヤリハットが多い？）
　④ どのような（どんな態様のヒヤリハットが多い？）

---

① 人（誰に関するヒヤリハットが多い？）

　たとえば，特定の利用者に関するヒヤリハットが多い場合，事業所そのものの問題ではなく，当該利用者自体に，何らかの個別的な対応が必要な事情があ

ることが考えられます。

　その場合，ヒヤリハット事例の多い利用者に対しては，より注意深く配慮を
する必要があるということになります。

②　いつ（どの時間帯のヒヤリハットが多い？）

　また，ある時間帯にヒヤリハットが多い場合，具体的には，食中，食後，夜
間など，利用者が活発に活動する時間帯や，職員が手薄になる時間帯にヒヤリ
ハットが多く起こっているとすると，その時間帯は職員を増員する必要があっ
たり，または目を配るための工夫が必要だったりするということになります。

③　どこで（どの場所でのヒヤリハットが多い？）

　特定の場所，具体的には，トイレ，食堂，廊下，居室，玄関，などどこか特
定の場所でヒヤリハットが多い場合は，段差がある，カーペットがめくれあ
がっている，障害物が多いなど，何らかの問題がある可能性があります。

④　どのような（どんな態様のヒヤリハットが多い？）

　ヒヤリハットの内容は多岐にわたりますが，「この利用者にはこの態様のヒ
ヤリハットがよく発生している」「この場所，この時間にはこの態様のヒヤリ
ハットが多い」など，ある程度の類型化が可能な場合があります。

　これらを分析することで，いつ，どこで，誰に対して，どんなことに気をつ
ければいいかについてを注意喚起でき，職員の行動指針も立てやすくなります。
　普段の日常業務の中では気づきにくいことも，データを分析することで思わ
ぬ発見があることもあります。

　ヒヤリハットを活用し，介護事故防止への意識を，事業所全体で醸成してい
きましょう。

コラム　アプリを使ってみよう

ヒヤリハットを簡単に記録する方法ってない？

Q 「うさみさん」って何？

　弁護士法人かなめでは，介護現場の「気づき（ヒヤリ）」を音声で入力，事故を防ぐためにすばやく共有できる，「うさみさん」というアプリを運営しています。

　「うさみさん」は日々発生するヒヤリハット（気づき）をその場ですぐに音声入力し，データ化することで，現場での共有を容易にするツールです。

　介護事故を防ぐためには，多数の「気づき（ヒヤリハット）」を共有することが非常に大切ですが，介護現場では「書く」というアナログ作業が原因で，ヒヤリハット報告書がほとんど記載されていません。

　「書くのは面倒だけど，つぶやくのは簡単！」というアイデアから「うさみさん」は誕生しました。

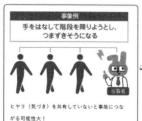

Q　実際にどんな運用をしているの？

　今まで報告書の形で記録していたヒヤリハットを，気軽に「つぶやく」ことで記録ができるため，大量の気づきが記録できるようになります。たとえば，報告書を作成していたころは，月5件程度しかヒヤリハットが報告されていなかった事業所では，導入後，月300件を超える気づきの共有ができるようになりました。

　誰が何件のヒヤリハットを登録したかについても明らかになるので，スタッフの意識の高さを見える化することも可能です。

　また，「うさみさん」は，ただ漫然とヒヤリハットを記録するだけでなく，記録の際に，利用者名，場所などを登録しておけば，これも「つぶやく」ことで記録され，利用者や場所ごとに統計をとることも可能です。

　ヒヤリハットが発生した時間や場所についても，一覧で表示ができ，さらに期間を決め，その期間内にどの場所でどの時間帯にヒヤリハット事案が最も多いのか，なども容易に知ることができます。そのため，たとえばヒヤリハット事案を研究するにあたって「今日はトイレで発生するヒヤリハットについて分析しよう」「今日は，この1週間で発生したヒヤリハット事案のうち，最も多い時間帯と場所の事案を検討しよう」など，範囲を限定して検証をすることも可能になります。

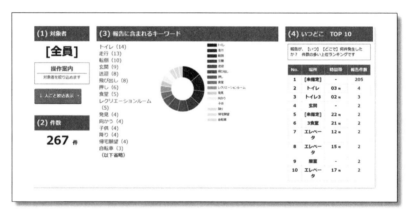

試してみたい方は，一度当法人までお問い合わせください。

日々の運営の
い・ろ・は

1 はじめに

 苦情，利用料の滞納，ハラスメント，実地指導……日常業務の中で，悩むことはたくさんあるなあ……

> **Q 日常的に起きることだと，ついその場しのぎになってしまうけど……どうしよう？**

　介護事業所を運営していると，日々さまざまな問題や悩みに直面します。

　これまでに解説をした介護事故やヒヤリハットもそうですが，さまざまな人から寄せられる苦情や，利用料の滞納，利用者からのハラスメント，実地指導の際の行政対応など，あげるとキリがありません。

　日常的に発生する問題は，通常業務の中に埋もれてしまい，各職員ごとにも異なる，その場しのぎの対応になってしまっていることが多いのではないでしょうか。

　事業者にとって，何らかの問題に直面し，これに対応したというノウハウは，大切な情報であり宝です。このようなノウハウを，特定の職員だけでとどめてしまい，共有できなかった結果，次に同じような問題が発生した際に対応できなかったとしたら，事業者にとっては大きな損失となります。

　また，利用者や利用者家族からのハラスメントや理不尽な苦情について，これを放置すれば，職員が心身ともに疲れ果て，離職にもつながりますし，仮に職員がこれらによって精神疾患を発症した場合には，事業者の責任も問われか

ねません。

　本章では，そんな日々の業務で発生するさまざまな問題のうち，苦情への対応（Ⅲ－2，3，4，5），悪質な書き込みへの対応（Ⅲ－6，7），利用料の滞納にまつわる問題（Ⅲ－8，9，10），ハラスメントへの対応（Ⅲ－11，12，13，14），実地指導への対応（Ⅲ－15，16，17，18，19，20）について解説します。

　いずれも，事業者のみなさんが，日々頭を悩ませている問題が含まれているのではないかと思います。

　スタッフ各個人が持っているノウハウを，事業者の財産とし，よりよい事業所運営が実現するよう，この機会に対策をしていきましょう。

2　相手が名乗ってくれない！　どうしたらいい？

> 苦情の電話がかかってくるんだけど，非通知だったり，名前を聞いても名乗ってくれないんだよなあ……

Q　名前を聞くことはOK？　NG？

　介護事業所の関係者は多様です。利用契約を締結する利用者はもちろん，利用者家族，出入業者，連携する他の事業者，さらには，その性質上地域住民の方とも密接な関係を築いています。

　そのため，介護事業所へは，さまざまな苦情や意見が寄せられることもあります。

　利用者や利用者家族からの苦情については，苦情処理報告書を作成して保管する必要があります。「苦情」というと，あまりいいイメージがないかもしれませんが，多くは気づきを与え，事業所運営の改善につながるものですので，真摯に対応することが重要です。

　しかしながら，苦情の中には，一方的にかつ繰り返し，事業者を誹謗中傷するような内容のものもあります。このような場合によく見られるのが，苦情の電話の相手が，非通知で電話をかけてきたり，名前を名乗らなかったりすることにより，どこの誰であるかがわからないというケースです。そして，このような電話は，複数回，そして長時間にわたって対応を求められることも多く，業務に多大な影響を及ぼし得ます。

　苦情は，本来事業者に対して，何らかの対応を求めるために行われるべきものであり，相手の素性がわからなければ適切な対応はできません。そのため，

仮に相手が名前を名乗らずに一方的に苦情を申し立ててくる場合には，「お名前やご連絡先をお伺いしなければ，お話を聞くことはできませんし，何もお答えすることができません。」と毅然とした態度で，相手の素性を聞き出すことが必須です。

また，その苦情が特定の利用者に関するものである場合には，「個人情報の管理の観点からお名前やご連絡先をお伺いしなければお答えできません。」と回答すべきです。

Q　それでも名乗らない場合は？

しかしながら，名前を聞いてもなお，名乗らずに一方的にまくし立ててくるような場合や，繰り返し非通知で架電をしてくるような場合もあります。

このような場合に，通常の苦情と同様の応対をしていると，業務に多大な支障が出てしまいます。

そこで，まず非通知での電話については，事業者の電話につながらないように設定するとよいでしょう。その上で，自社のホームページなどに「当社では，お問い合わせ等の適切な処理や，カスタマーハラスメントの防止の観点から，非通知設定の電話には応対致しかねますので，あらかじめご承知置き下さい。」といった文言を掲載しておくことで，事業者としての態度をしっかりと対外的に示すことができますし，非通知で電話をかけてくる利用者や利用者家族に対しての説明ツールとして利用することも可能です。

また，電話相手の名前がわからない場合であっても，電話番号がわかる場合には，その番号を登録しておくことで事業所内に注意喚起し，場合によっては着信拒否をすることも有効です。

さらに，電話には出た上で，素性を尋ねているにもかかわらずこれを頑なに明かさず，誹謗中傷を続けるような相手に対しては，「お名前，ご連絡先をおっしゃっていただけませんと当方としては対応できかねますのでお電話を切らせていただきます」と言って，一方的に電話を切ってしまっても問題ありません。

もっとも，たとえばスタッフや利用者の中から新型コロナウイルス感染症の

感染者が出た場合のように，不特定多数の人物から，多くの問い合わせや苦情が寄せられる可能性がある場合には，各事業所での個別対応では追いつかない場合もあります。このような場合には，たとえば通常業務に利用する電話番号とは異なる電話番号を開設して問い合わせ先としてホームページなどで公表し，その番号を苦情の窓口とした上で，サービスを提供していない職員を配置して対応をさせたり，当該問い合わせ先を各施設や事業者ではなく，本社や管理部として，対応を一元化したりすることによって，通常業務への影響を最低限に抑えることが可能です。

　苦情を真摯に受け止めることは重要ですが，可能な限り通常業務に影響が出ないようにすることも，非常に重要です。

［匿名・非通知］どこの誰かわからないクレーマーにどう対応する???
https://www.youtube.com/watch?v=leTP4Mz0whE&t=24s

3　苦情報告書作成の意義

苦情を記録しないといけないのはなぜですか？

Q　苦情報告書はなぜ作成するの？

　「苦情」というと，近年問題視されている「モンスタークレーマー」など，あまりよくないイメージを抱くかもしれません。しかしながら，本来「苦情」は，事業所内では認識していなかった利用者や利用者家族の不満，ニーズを拾い上げたり，知らないうちに周辺住民等に与えていた迷惑や不安感などを知るための貴重な指摘であり，決して無視してはいけないものです。

　さらには，仮に苦情があったにもかかわらずこれを放置したり，事業所内で共有しなかった結果，事故等に結びつき，利用者や周辺住民等に損害が発生したとすれば，事業者が法的な責任を問われる可能性もあります。

　また，別の視点からは，苦情そのものがカスタマーハラスメントや不当要求の一態様として行われることもあります。そのような場合に，利用契約の解除，刑事告訴，裁判手続等の法的手段をとることを想定したとき，最も重要となるのが証拠です。苦情の記録は，このような場合の証拠としても有効です。

　苦情報告書は，苦情の内容を事業所内で共有し，検討するために重要な資料です。苦情も，事故と同様に突然発生しますから，気が動転し，うまく必要事項が記録できない場合もあります。そのようなときのために，事前の備えとして，苦情を聞き取る際のチェックリストを作成しておき，必要事項を漏れなく聞き取ることができるように準備しておきましょう。

コラム　～面談強要等禁止の仮処分と記録の重要性～

　たとえば，苦情の他，長時間や多数回，多数頻度の対応を求められるカスタマーハラスメントなどによって著しく業務が妨害されている場合，面談や電話等の強要を禁止することを裁判所に命じてもらう「面談強要等禁止の仮処分」という手続が存在します。

　通常，裁判をするには，訴状を提出してから1回目の裁判の日（第1回口頭弁論期日）までに少なくとも1カ月以上かかり，さらにそこから，双方からの主張や証拠の整理を行うため，長ければ1年以上，通常でも数カ月の期間を要します。しかしながら，現場がすでに疲弊している状況であれば，このような時間を待っていることができません。

　その際に行うのが「仮処分」という保全手続です。

　この仮処分を行うことで，早ければ申立てから1カ月程度で裁判所の命令が出されることから，相手方の行動を早期に抑制することが期待できます。

　もっとも，この手続を行うためには，いかに業務が妨害されているかを証明するための証拠が必要となります。

　具体的には，これまでに相手方から，いつ，どのような内容の苦情や要求などが寄せられたか，これに対して職員がどのような対応をしてきたか，その回数，その対応時間などを細かく記録化した上，実際に対応した職員の陳述書を作成するなど，相当の労力が必要となります。

　また，実際に裁判所から命令が出ても，実態として苦情等が収まらない，という場合もどうしても存在し得ます。

　そのため，手続をとるかどうかについては，専門家とも相談の上慎重に決める必要がありますが，どのような方針をとるにしても，相手方の言動の記録がなければ実行することができません。

　さまざまな事態を想定して，記録化に臨みましょう。

----

4 苦情報告書作成のポイント①
―― 聞き取るべき事項をあらかじめ想定しておこう

> 電話苦情を聞いていると，慌ててしまって何を
> 聞けばいいかわからなくなっちゃうんだよな……

Q 苦情は突然やってくる！ 事前準備が重要だが，どうするか？

　苦情はいろいろな形でやってきます。たとえば，日時を決めて面談を申し込まれた場合であれば，事前にどのような聴取をすべきかを確認し，準備することも可能ですが，突然電話がかかってきたり，突然事業所に来られて苦情を申し立てられたりする場合，その場にいるスタッフが混乱して，聴取すべきことを聴取できないこともあります。このとき，苦情の相手方が利用者や利用者家族であれば，改めて内容を確認することも可能かもしれませんが，聴取内容によっては相手方の気分を害してしまったり，「連絡はしないでほしい」などとはっきりと言われたりすることもあります。

　そこで，突然の苦情対応の際にも慌てないように，事前に苦情対応のチェックリストを常備しておきましょう。苦情があった場合に，それに沿って聴き取りをすることで，混乱せず，漏れなく聴き取りができます。

　チェックリストに記載する項目は，次のようなものです。

---

① 架電日時（しっかり「何時何分」まで確認）
② 相手の氏名・続柄（利用者か，利用者家族か，その他か）
③ 苦情の相手は誰か（事業所全体についてか，職員についてか，環境や施設についてか　等）
④ 苦情の内容（いつの出来事か，どんな内容の出来事かなどを具体的に聞き取る）
⑤ 苦情への対応（具体的に何か行動に移してほしいと考えているか，聞いた上で苦情の対象者本人には言わないでほしいと考えているか，など）

　なぜ⑤を確認するかというと，たとえば，苦情の対象が事業所の職員であった場合，当該職員に苦情内容を伝えたところ，当該職員がそのことを苦情を申し立てた利用者に伝えるなどし，これにより「事業者がスタッフに伝えたせいで，より対応が悪くなった」などの新たな苦情が発生する可能性があるからです。

　また，具体的に，苦情の相手方が何をしてほしいと考えているかを聴取することで，たとえば「相手方の希望する方法ではここまでの対応しかできない」ということを，その場で具体的に説明できることもあります。

　苦情報告書を見るのは，実際には苦情を聞いていない職員ですが，苦情の相手方の温度感は，実際に苦情を聞いた職員でなければわかりません。⑤の項目は，まさにこの「温度感」を，苦情を聞いていない職員に伝えるものです。苦情の相手方が何を求めているかについて，意識して聴取をするようにしましょう。

　また，録音をしておくこともお勧めです。相手方からいつ，どのような場面で苦情を聞くことになるかわからないため，レコーダー等の準備は難しいかもしれませんが，電話の場合であれば，電話機自体に録音機能がついているものもありますし，携帯電話で録音をすることもできます。

　また，録音は，相手の許可を取らなくても行えますが，逆に録音することを伝えることで，相手が冷静に話してくれるような場合もあります。録音の方法や，どのような場合に録音をするかなど，一度事業所内で検討してみましょう。

5　苦情報告書作成のポイント②
──苦情にどう対応したのかの記録を残そう

苦情を聞いたものの，この後どうしたらいい？

Q　苦情報告書は苦情への対応のために作成する?!

　苦情を受けた場合，事業者としては無視することはできません。まず行わなければならないのが，苦情についての事実確認です。苦情として寄せられた事実が本当に存在するかどうかについて，関係者からの聴き取りを行うなど，実態調査を行います。

　その上で，具体的な対応として，様子を見るのか，関係した職員等への注意指導が必要か，事業者として何らかの対応をすべきかなどを検討していく必要があります。

　この点について，苦情を聴取する際に相手方から聞き取っている，「どうしてほしいと考えているか」も考慮に入れなければなりません。

　たとえば，利用者から，自分を担当している職員の行動に何らかの問題があるとの苦情があったが，職員に伝えてさらに対応が悪くなったら嫌なので，伝えるのはやめてほしいと言われていた場合，必ずしも当該スタッフへ注意指導をすることが適切ではなく，様子を見る必要がある場合もあります。

　このように，苦情の相手方からの意見も踏まえてどのような対処をするかの意思決定をし，その意思決定の過程を苦情報告書に残しておくことが重要です。

　事故報告書やヒヤリハット報告書と同様，苦情を放置したことにより何らかの事故や問題につながれば，事業者としての責任は免れません。そして，実際

には対応をしているのに，それが記録として残っていないため，後日責任を問われるようなことがあれば事業者としては対応に苦慮することになります。

　なぜそのような対応をしたのか，あるいはなぜあえて対応をしなかったのかなどの過程を記録化しておきましょう。記録に残しておくことにより，所内での情報共有にも役立ち，スタッフ間で統一的な行動をとることにもつながります。

　なお，苦情対応の際，相手方はこちらの対応が思うようなものでなかった場合に，「行政にも苦情を言いますからね」と，脅しのようなことを言うことがあります。このとき，事業者としては，行政に苦情を伝えられることを止める必要はありません。事業者側としては，苦情を止める権限はありませんし，むしろケースによっては行政に間に入ってもらうほうが，苦情の解決にとってよいこともあるため，慌てず，冷静な対応を心がけましょう。

苦情聴取チェックリスト

作成者：

1	聴取日	年　　月　　日（　）	
2	聴取開始時間	午前・午後　　時　　分	
3	聴取終了時間	午前・午後　　時　　分	
4	対応方法	電話・面談・書簡・メール その他（　　　　　　　　　）	←丸をつける
5	相手方の氏名	□相手方が名乗らなかったため，対応を打ち切った。	
6	相手方の続柄	利用者本人・利用者家族（続柄　　） 近隣住民・その他（　　　　）	←丸をつける
7	苦情の内容		←いつ，誰の，何に対する苦情であるかを意識して聴取する
8	苦情についての要望		
9	相手方の連絡先		
10	その他特記事項		

6　悪質な書き込みをした場合の責任って？

> 悪質な書き込みって，法的にはどんな問題があるの？

Q　悪質な書き込みをしたときの責任は？

　たとえば，インターネット上の掲示板やSNSに，そのような事実がないにもかかわらず，「○○の施設は衛生面が悪く，頻繁に利用者が食中毒を起こしている」「○○のデイサービスでは虐待が常態化していて，毎日救急車が来ている」など，事実と異なる書き込みがされたとします。書き込みをしている側は，ちょっとしたいたずらのつもりかもしれませんが，このような書き込みによる風評被害は甚大です。

　事実でないのであれば，毅然とした態度をとれば問題ない，というアドバイスをされることも多いかと思いますが，それだけで解決する問題ではありません。なぜなら，誰でも簡単にインターネットで事業者の情報を調べることができる現代では，閲覧する人からすれば，その書き込みが果たして真実かそうでないかを判断する材料に乏しく，「嘘か本当かわからないけど，変な情報がある事業所を利用するのはやめておこう」「就職を考えていたけど，応募をするのをやめよう」などと敬遠されるケースも稀ではありません。

　このような事業者側の負担に比して，書き込みをしている側は，遊び感覚や気軽な気持ちで行っているケースも多々あります。その理由の１つとしては，インターネットへの書き込みがハンドルネームや匿名で行われ，もし問題になればアカウントなどを消してしまえば何のお咎めも受けないと思い込んでいる

ことにあります。

　書き込みをした者を突き止める方法は，次項で紹介しますが，仮に突き止められた場合には，書き込みを行った者には民事上，刑事上の責任が発生することになります。

Q　民事上の責任とは？

　まず，上記で例に出したように，具体的な事実を指摘して，事業者の名誉を傷つけたような場合には，民法上の不法行為（民法709条）として，損害賠償を請求される場合があります。具体的には，書き込みをした者は，書き込みにより発生した損害を賠償する義務を負うことになりますので，たとえば，慰謝料を請求したり，書き込みにより売上の減少等がある場合にはこれを損害として請求したりすることができます。

民法709条（不法行為による損害賠償）
　故意又は過失によって他人の権利又は法律上保護される利益を侵害した者は，これによって生じた損害を賠償する責任を負う。

　また，名誉毀損の場合は，損害賠償とともに，名誉を回復するのに適当な処分を命じることができます。たとえば，投稿等を削除することの他，謝罪広告を出すことなども求められる可能性があります。

民法723条（名誉毀損における原状回復）
　他人の名誉を毀損した者に対しては，裁判所は，被害者の請求により，損害賠償に代えて，又は損害賠償とともに，名誉を回復するのに適当な処分を命ずることができる。

Q　刑事上の責任とは？

　また，書き込みによって負う可能性がある責任は，お金の話にとどまりません。

　場合によっては，刑法上の名誉毀損罪や侮辱罪にも該当し，懲役刑，罰金，拘留などの罪を科せられることもあり得ます。

　インターネットへの書き込みは，まさに不特定多数の人に対して，著しく拡散されやすい状況において行われることから，もし，書き込みをする者が，ありもしない事実をあたかも本当かのように指摘すれば，当該事業者の名誉を侵害する行為として，名誉毀損の罪を免れ得ません。

刑法230条（名誉毀損）

　公然と事実を摘示し，人の名誉を毀損した者は，その事実の有無にかかわらず，3年以下の<u>懲役若しくは禁錮</u>又は50万円以下の罰金に処する。

刑法231条（侮辱）

　事実を摘示しなくても，公然と人を侮辱した者は，1年以下の<u>懲役若しくは禁錮</u>若しくは30万円以下の罰金又は拘留若しくは科料に処する。

※230条の2項は省略。

※下線部分は令和4年法律第67号により令和4年6月17日から3年を超えない範囲内において政令で定める日に「拘禁刑」に改正されます。

　このように，インターネットへの書き込みは，民事上，刑事上の両側面から責任を問われる行為であることを，事業者側も認識した上，毅然とした態度をとることが重要です。

［誹謗中傷！］悪質な書き込みをすると名誉毀損で訴えられるのか!?
https://www.youtube.com/watch?v=GVEO8ZUNlAU&t=15s

Q　リベンジはだめ？

　事業者に対する酷い誹謗中傷の書き込みに対して，たとえば事業者のアカウントから何らかの反応をすることは避けるべきです。具体的には，書き込んだ人物が辞めた職員であることがわかっているような場合に，書き込みのような事実がないことをコメントするだけならまだしも，当該職員に対する誹謗中傷（勤務態度が悪かった，事業者のお金を横領したなど）を書き込んでしまえば，事業者も同じ責任を負うことになります。

　また，こちらが反応することで，相手が手応えを感じ，さらに誹謗中傷が激化することもあります。

　非常に腹立たしい気持ちはわかりますが，影響力の大きいことだということをしっかり頭に入れた上で，冷静な対応を心がけましょう。

7　悪質な書き込みをした者を突き止めるには？

> 悪質な書き込みをしたやつを，なんとか見つけたい！

Q　書き込みをした者を特定するにはどうしたらよいか？

　本章6で取り上げたように，悪質な書き込みは，民事上，刑事上の責任が発生する可能性がある立派な違法行為です。しかしながら，書き込みをした者が誰であるかを知ることは必ずしも容易ではありません。

　たとえば，ある悪質な書き込みがSNSに投稿された場合，他の書き込みやプロフィールから本人を特定することができ，それが元従業員であることが判明するなど，身元が特定できる場合であれば，直接，書き込みをやめるように警告した上で，責任追及をすることもできます。

　しかしながら，書き込みを行った者が，他の情報を見ても誰であるのかわからない場合，または，名前等はわかっても，連絡先等が不明である場合，責任追及が難しくなる場合もあります。できるとすれば，SNSへの書き込みの場合であれば，ダイレクトメッセージなどを利用しての警告は考えられるものの，逆にそれ以上の追及は難しいケースがほとんどです。

　徹底的に法的手段を利用して責任を追及しようと思うと，書き込んだ者の名前，住所を把握する必要があるのです。

　そこで，誰が書き込んだのかがわからないような場合や，名前等はわかっても，住所等が不明な場合には，書き込みをした者を特定する法的な手段として，「発信者情報開示請求」という制度が設けられています。

Q　発信者情報開示請求って何？

　発信者情報開示請求は,「プロバイダ責任制限法」（略して「プロ責法」）に基づいて行われる,ある情報をインターネット上に投稿した人の情報を取得するための手続ですが,その手続は非常に複雑です。

　ここでは,どのような手続であるかについて簡単に説明したいと思います。

　発信者情報開示請求は,簡単に言えば,「その書き込みをしたパソコンやスマートフォンの所有者が契約しているインターネットサービスプロバイダから,その者の契約情報（氏名,住所）を教えてもらう」という手続です。何が複雑かというと,書き込んだ者の契約情報を得るためには,まずはその者の「インターネットサービスプロバイダ」を知る必要があるからです。

　つまり,ステップ1としては,まずは書き込みをした場所（掲示板,SNS,ブログなど）を提供しているコンテンツプロバイダに,「この書き込みをしたパソコン,スマートフォンのIPアドレス（インターネット上の住所のようなもの）を教えてください」という請求をします。

　このIPアドレスを取得できると,インターネットサービスプロバイダがどこであるかを知ることができます。

　そこで，ステップ2として，インターネットサービスプロバイダに，「この
IPアドレスを使用している人の契約情報を教えてください」と請求することに
なるのです。そして，このような手順を踏むにあたり，コンテンツプロバイダ
も，インターネットサービスプロバイダも，任意では情報を教えてくれません。
そのため，ほぼ必ず裁判を複数回起こす必要があり，手続に時間がかかったり
煩雑になったりするという問題があります。
　とはいうものの，このような法的な手続をとるという姿勢を事業者として見
せることは，悪質な書き込みをする者に対する大きなけん制となります。悪質
な書き込みに対しては，強い態度で臨む必要があります。

Q　注意点は？

　インターネット上の書き込みの特徴は，書き込みやアカウントをすぐに消去
できるところにあります。つまり，書き込んだ者も，自分が何らかの責任追及
を受けそうだと思うと，すぐに書き込みを削除しようとするなど，逃げの態勢
に入るのです。そのため，行動を起こす以前から，書き込みを発見した際には，
必ずその書き込みや書き込みをした者のアカウント情報を，スクリーンショッ
トやプリントアウトをして残し，URL等も保存しておくようにしましょう。
　これは，投稿の削除に対しても有効な手段ですが，たとえばかなりの量を長
い時間をかけて書き込んでいる場合や，書き込みがさまざまな別の投稿に埋も
れてしまい，どこにあるかが発見しづらいという場合にも有効です。
　後から証拠作りをしようと思うと，膨大な時間を要します。そのため，書き
込みを見つけるたび，その都度スクリーンショットやプリントアウトで記録を
することが重要です。

　もっとも，実際にはアカウントごと消されてしまうと，どこの誰が書き込ん
だものであったかがどうしてもわからないこともあります。悪質な書き込みに
対して，厳正な対処をする姿勢を見せることも重要ですが，どこまでの追及を
行うかについては，事業所内でもしっかりと検討をしておく必要があります。
　また，発信者情報開示は，ここまで説明してきたとおり非常に手続が煩雑で

す。加えて，情報については保管期間があるものもあり，適時に法的手続を行わないと，もはや追及が不可能となることもあります。

　そのため，できるだけ早い段階で専門家に相談し，見通しや注意点などを確認の上，手続をとる場合には速やかに行う必要があります。

［誹謗中傷対策］匿名を暴け!!!『発信者情報開示請求』を弁護士が解説します。
https://www.youtube.com/watch?v=7CAMtfnjuSo&t=207s

8　家族に利用料を請求できる？

> 利用者が利用料を払ってくれないときは，家族に請求しようと思っているんですけど……

Q　家族に利用料を請求できるか？

Ⅰ−2，4でお話ししたとおり，利用者本人と利用契約を締結している場合，連帯保証契約を締結していない限り，利用者家族に対して，滞納された利用料を請求することはできません（なお，ここでいう「利用者」は，利用契約の「契約者」を指します）。

しかしながら，これはあくまで，利用契約に基づく話であり，もし利用者家族との間で，利用者家族が滞納分を支払う，という新たな合意ができれば，支払ってもらうことは可能です。

通常のお金の貸し借り等の場合であれば，家族に対して「代わりにお金を払ってください」と伝えても，「私とは関係がないので……」と言われてしまえばそれ以上の交渉は進みません。

しかしながら，介護サービスに関しては事情が異なります。

なぜなら，利用者家族は，家族だけで利用者の介護ができないからこそ介護サービスの提供を受けているのであり，利用者家族としても，利用者がサービスを受けられなくなるのは非常に困った事態です。

そのため，通常の契約に比べて，利用者家族と話し合って，滞納分を払ってもらう合意をすることは現実的なのです。実際，利用者家族と面談し，滞納分の支払について話し合いをすることはよく行われています。

　具体的には，合意書の中で，滞納分の特定をした上，当該滞納分の支払方法を決めます。その上で，利用者との利用契約が継続している場合には，今後発生する利用料については，利用者家族に連帯保証人になってもらう旨の規定を置くことも重要です。

　なお，利用者が利用料を支払わない理由の中には，利用者家族が，利用者の年金等を私的に流用している，いわゆる経済的虐待の場合もあります。このような場合には，「高齢者虐待の防止，高齢者の養護者に対する支援等に関する法律」（高齢者虐待防止法）に基づく通報や利用者の成年後見の申立て等も検討する必要がありますので，利用料の滞納の理由については，しっかり調査をするようにしましょう。

［利用料滞納］家族に請求することはできるの？？？
https://www.youtube.com/watch?v=rfHaTpaZ35I&t=25s

9　成年後見制度を活用しよう

利用者さんが利用料を払ってくれないんだけど，どうも家族が年金を生活費に使っているみたいなんだよなあ

Q　成年後見制度とは？

　成年後見制度は，認知症，知的障害，精神障害などの理由で判断能力が不十分になった人を保護し，支援するための制度です。判断能力が不十分になった人は，不動産や預貯金などの財産を管理したり，遺産分割の協議をしたりする必要があっても，自分でこれらのことをするのが困難であったり，自分に不利益な契約であっても，よく判断ができずに契約を結んでしまい，詐欺などの被害に遭ってしまったりするおそれもあります。

　また，判断能力（法的には「意思能力」と言います）のない人が契約を結んだ場合，契約の相手方にとっても，せっかく結んだ契約が事後的に無効になっては，安心して契約をすることができません。

　さらに，本人の判断能力や財産管理能力が低下しているのをいいことに，親族が本人の財産を費消しているというケースも見られます。

　このような問題を解決するために，民法は，判断能力の程度によって，成年後見，保佐，補助の３つの制度を設け，契約を結ぶときの代理人となったり，契約をする際に同意を必要としたりすることで，判断能力の不十分な人とその契約の相手方との利益を調整することにしています。さらに，財産管理が適切に行われるようになることで，親族による本人財産の費消を防ぎ，さらにはすでに費消された本人の財産の取戻し等も実現できる可能性があります。

Q　誰が申立てできるの？

　成年後見，保佐，補助を受けるための申立てができるのは，大まかにいえば，「本人か親族」です。しかしながら，成年後見制度を利用しようとしている段階では，ご本人はすでに，申立てをすることができる意思能力がない場合がほとんどです。

　また，質問のケースのように，本人の年金等を親族があてにし，使い込んでいるような場合，親族に申立てをさせることを期待できない可能性があります。なぜなら，成年後見人らが就任することにより，これまで自由に利用できていた利用者の財産に手がつけられなくなり，さらにはこれまでの財産管理について説明を求められ，調査をされた上，費消した財産の返還も求められる可能性があるからです。

　このような場合，法律上の一定の条件を満たしている場合には，市町村長も申立てができる場合がありますし，これらの要件を満たさない場合には，検察官による申立てができる場合もあります。

　また，事業者としては，このような経済的虐待の可能性に気づきながら放置することは高齢者虐待防止法の観点からも適切でありません。虐待の可能性がある場合には，成年後見制度活用の他，行政への通報や利用料の滞納を理由とする解除を検討する必要もありますので，このような状況を把握した場合は，一度弁護士や司法書士などの専門家に相談するようにしましょう。

　なお，成年後見制度は，手続の煩雑さや融通のきかなさ等から，利用件数が伸び悩んでいるという問題がありましたが，現在有識者会議などで，本人にとって必要な範囲・期間の利用ができ，さらにその内容の変化に応じ後見人を円滑に交代できるようにする，というような制度改正が検討されています。今後，現行法よりも使い勝手のいい，成年後見制度が実現されるかもしれません。

Ⅲ 日々の運営のい・ろ・は／③利用料を支払ってくれない利用者への対応

10 破産手続の活用

利用者さん，どうやら借金で困っているみたいなんだけど，サービスの提供に何か影響はある？

| Q 破産手続とは？ |

「利用者のところに督促状とか請求書とかが届くんだけど……」

事業者からそういった相談を受けることがあります。

もちろん，事業者に何か直接の請求があるわけではありませんが，事業者としては，「このまま利用料って払ってもらえるのかな？」と不安に思ったり心配に思ったりすることは当然です。

また，ケアマネジャーの立場からも，サービスを決めるにあたり，施設との関係性上，利用料を支払ってくれるかどうかの問題で，借金のない方を紹介したいと考えるのも無理はありません。

そこで，覚えておいていただきたい手続が「破産手続」です。

「え⁉　破産⁉」と抵抗感を持つ方も多いかもしれません。しかしながら，破産手続は，債権債務関係（財産と借金の内容）を見直し，新たな生活を再スタートさせるために有用な制度でもあります。

たとえば，破産手続を利用して，借金をゼロ（これを法的には「免責」すると言います）にした上で，生活保護の受給を開始することで，利用者も経済的に安定した生活が送れ，事業者としても安定した利用料等の回収が見込まれるようになります。

> **Q　同時廃止手続と破産管財手続とは？**

　破産手続には，同時廃止手続と，破産管財手続の2種類あります。

　まず，同時廃止手続は，破産者の財産が手続費用にも満たないため，破産の開始決定と同時に手続を終了（廃止）する，という手続です。この手続は手数料等も少なくて済み，時間もあまりかからないので，この手続が可能な場合はこちらを選択します。しかしながら，たとえば，不動産，自動車，生命保険など，換価する（お金に換える）ことができる可能性がある財産があったり，一定の金額を超えた資産があったりする場合には，債権債務を調査するための費用が捻出でき，これにより債権者へ配当ができる可能性もあるため，破産管財手続を行う必要があります。破産管財手続は，裁判所から選任される破産管財人が，破産者の財産を調査し，配当ができる場合には債権者それぞれの債権額に従って按分して配当します。一方，配当ができない場合は破産手続を終了します。破産開始決定と同時に破産手続が終了する場合が「同時廃止」であるのに対し，破産開始決定後，調査の上，決定とは異なる時期に破産手続が終了するため，「異時廃止」と呼びます。

　破産管財手続による申立ての場合は，破産管財人へ報酬を支払わなければならないことから，たとえば大阪であれば，最低でも20万円を予納金として支払う必要があります。

　費用に関しては，資産状況等によっては，法テラスの法律扶助制度を用いて申立てを弁護士に依頼することもできますので，借金問題に悩んでいる利用者に，一度弁護士に相談してみることをすすめてみてください。

借金がある人は施設に入れないのか？［ケアマネ・ヘルパー・生活相談員向け］
https://www.youtube.com/watch?v=7TY3_hAhUiA

11 利用者からのセクハラ・パワハラって我慢しないといけないの？

あの利用者さんのところ，すぐに体触られたりするからって，従業員が行きたがらないんだよなあ……

Q　セクハラ・パワハラは犯罪！　我慢しないで，どう対処？

　介護事業を営む中で，利用者や利用者家族からのセクシュアルハラスメント，パワーハラスメントの事例は後を絶ちません。たとえば，訪問介護のために利用者の自宅を訪問した女性の介護士が，利用者に睡眠導入剤入りのスープを飲まされ，眠っている間に性的な暴行を受けたという事件は，介護業界に衝撃を与えました。しかしながら，たまたまニュースになったのがこの事件であったというだけで，実際に，特に女性の介護士の中には，利用者からセクハラ（体を触られるなど）を受けたことがある方が多いのではないかと思われます。

　介護事業において，利用者からのセクハラやパワハラが後を絶たない理由の1つには，利用者の方の多くが，認知機能に問題のある方だからです。職員の方は，実際にセクハラやパワハラに遭っても，「わからずにやっているから我慢しないといけないのかな」と思い込み，そもそも事業者に報告をしない場合もあるのです。

　また，利用者家族からのハラスメントも多く，利用者に問題があるわけではないので，サービス提供を続けざるを得ないと考え，その結果，事業者に報告がなされないというケースも散見されます。

　そして，仮に事業者に報告をしたとしても，やはり同じ理由で，事業者としてもどのような対策をとればいいのかと困ってしまい，放置した結果，当該職

員が離職をしてしまったり，最悪のケースでは，利用者からのセクハラやパワハラが原因でうつ病などの精神疾患を発症してしまったりすることもあります。そのような場合に，当該職員が，加害者である利用者や利用者家族に対してだけではなく，事業者に対して職場の環境に配慮する義務を怠っているとして損害賠償請求をしてくる場合もあり得ます。

　そのため，事業者としては，職員に対して行われるセクハラ・パワハラには厳正に対処する必要があるのです。

　まず，認識すべきなのは，セクハラもパワハラも，犯罪行為に当たり得るということです。

　たとえば，無理やり職員の体を触るなどすれば，強制わいせつ罪（刑法176条）に当たりますし，訪問介護や訪問看護で自宅に来た介護士を部屋から出さないようにするなどすれば監禁罪（刑法220条），睡眠導入剤などの薬物を飲ませれば傷害罪（刑法204条）が成立し得ます。さらに，職員を殴ったり，突き飛ばしたりするなどの行為をすれば暴行罪（刑法208条）になり得ますし，「このサービスをしなかったらお前が虐待をしているとSNSに書くぞ！」などと脅せば，脅迫罪（刑法222条）や強要罪（刑法223条）が成立することもあり得ます。また，実際にSNSなどに，このような書き込みをすれば，名誉毀損罪（刑法230条）なども問題になります。

　事業者としては，職員に対して，利用者や利用者家族からセクハラ・パワハラを受けた場合はすぐに報告するよう指導し，対応できる状況を整えておくことが重要です。

［セクハラ被害多発!!］訪問介護・看護事業者必見！今すぐできる３つの対策
https://www.youtube.com/watch?v=mreAZTObPkI&t=50s

12 リーフレットを作成しよう

なかなか直接，セクハラ・パワハラをしている本人に，やめるようには言いにくいんだよな……

　本章11でお話ししたように，利用者や利用者家族から職員に対してセクハラ・パワハラが行われた場合には，事業者は速やかに対策をする必要があります。

　ただ，事業者としても，今後の利用者や利用者家族との関係を考えたとき，直接に言いづらいことも無理からぬところがあります。

　そこでおすすめしたいのが，利用者や利用者家族からのセクハラ・パワハラが起きる前，すなわち，契約を締結する段階で，セクハラ・パワハラは犯罪行為に当たることや，セクハラ・パワハラを理由に利用契約を解除することがあり得ることを明示したリーフレットを契約時にお渡しするという方法です。

　利用者や利用者家族の中には，「これぐらいは大丈夫」などと思い込んで罪の意識なく行為に及ぶ方も多くいます。そこで，事前に注意喚起をしておくことで，意識づけをする他，事前に伝えておくことで，事業者としても「契約当初にお伝えしましたよね」という前提で，対応がしやすくなります。

Q　リーフレットの内容は？

　リーフレットの内容としては，利用者や利用者家族からの言動を具体的に取り上げ，それらの行動が犯罪に当たることをわかりやすく列挙しておく他，利用契約の契約条項を引用するなどし，このような行動がとられた場合は契約解除の可能性がありますよ，と注意喚起をすることが考えられます。

　もっとも，リーフレットは，契約締結時という信頼関係がまだ十分築かれていない段階で配付することになるので，その内容や表現には気をつけるようにしましょう。リーフレットの配付により，信頼関係が破壊されてしまっては本末転倒です。

　みなさんの事業所でもリーフレットの作成を検討してみてください。

［セクハラ被害多発!!］訪問介護・看護事業者必見！今すぐできる３つの対策
https://www.youtube.com/watch?v=mreAZTObPkI&t=50s

13 利用契約の解除を検討しよう

> あの利用者さん，何度お願いしても職員へのセクハラをやめてくれないんだよな……

Q　利用契約の解除をするための手順を教えてください。

　本書でも何度も出てきたように，利用者や利用者家族からの職員に対するセクハラ・パワハラは，刑法上の犯罪にあたる可能性もある行為です（本章11）。さらには，職員が，利用者や利用者家族からの職員に対するセクハラ・パワハラによって身体的，精神的な損害を被れば，利用者や利用者家族に対して損害賠償請求をすることも考えられますし，もし事業者が，セクハラやパワハラの事実を知りながら放置していた場合は，事業者自体が職員に対する安全配慮義務違反を問われ，損害賠償請求の対象となり得ます（本章14）。

　そこで，事業者としては，利用者や利用者家族へ注意をしたり，標的となっている職員の配置転換等の対応をしたりすることが考えられますが，それでも利用者や利用者家族による言動が収まらない場合には，利用契約の解除を検討する必要があります。

　利用契約の解除については，利用契約の中で，解除条項を定めておくことが有効です（まずは，本書Ⅰ-10をご確認ください）。事業者としては，契約書に解除条項を定めておくことで，次頁の①～③のような対応をとることができます。

①　利用契約の段階で解除条項の説明をすることで，注意喚起をしておく。
②　実際にセクハラやパワハラが把握された際，解除条項に基づいて利用者や利用者家族に注意，警告をする。
③　それでも言動が収まらない場合には，解除条項に基づいて実際に解除をする。

　介護事業は，公共性の高い事業ですから，簡単に利用契約を解除することはできません。そこで，②の段階を置くことで，③の段階に入る前の，行政への相談や，解除をする場合の連携をとる時間が生まれ，円滑に利用者の移行を進めるためのプロセスをとることが可能となります。たとえば，施設系の事業者に関しては，次の事業者が決まらない限りは，事実上その利用者に施設から出ていってもらうことができません。そのため，行政と連携し，次の入所先を早期に見つけることも重要なのです。

　そして，各ステップにおいて事業者側の対応を証拠化しておくことも重要です。のちに解除の有効性が問題になった際に，どのような事情があって解除という選択をしたのかを客観的にわかるようにしておく必要があるからです。

　スタッフを守ることは，事業所運営にとって最も重要な起点であり，放置すれば本章14で解説するような責任を負うこともあります。

　事業者としてできる法的措置を，適時に検討し，臆せず行使するようにしましょう。

14 セクハラ・パワハラを放置したら，事業者はどんな責任を負うの？

利用者さんと波風立てたくないし，あんまり行動を起こしたくないなあ……

　利用者や利用者家族からのセクハラ・パワハラを受けているにもかかわらず，職員がそのことを報告しないなどの理由から，このような状況が常態化し，気がついた時には職員が精神的に追い詰められ，うつ病を罹患してしまうなど，取り返しがつかない状況になってしまうこともあります。

　特に訪問系の事業者の職員は，利用者や利用者家族と密室で一緒になることが多く，ハラスメントが横行しやすい環境にあります。

　事業者としては，このような職員の状況に気づく，ということも重要ですが，仮に職員から訴えがあったにもかかわらず，このような状況を放置した場合，事業者としては雇用契約に基づいて発生する安全配慮義務違反を免れることはできません。

Q　安全配慮義務違反とは？

　雇用主は，職員との雇用契約に基づき，職員がその生命，身体等の安全を確保しつつ労働することができるように必要な配慮をする義務を負っています（労働契約法５条）。つまり，職員が利用者や利用者家族からのセクハラやパワハラを受けている状況を認識しながら，雇用主がこれを放置し，そのことにより職員が怪我をしたり，精神疾患を発症したりするようなことがあれば，安全配慮義務違反に基づき，損害賠償義務を負うことになるのです。

　顧客からのハラスメントを放置したことにより，雇用主に損害賠償責任が認められた例としては，「学校法人M学園ほか（大学講師）事件」（千葉地裁松戸支部平成26（ワ）1013号）があります。

　この事件は，学校法人M学園の講師が，授業中に生徒から臀部を触られるというセクハラ被害に遭い，この講師が学校法人に被害を訴えたというものですが，学校法人は，セクハラの事実があったかもしれないと認識したにもかかわらず，セクハラはなかったとして十分な対応をしなかったというものです。この事件では，学校法人が講師に対する安全配慮義務・職場環境配慮義務を負っているにもかかわらず，その義務をきちんと履行しなかったとして，学校法人側が敗訴しています。

　これは，利用者や利用者家族から職員に対するセクハラやパワハラが常態化しているような場合も同様です。

Q　環境を整えることの意義は？

　このように，安全配慮義務違反に基づいて損害賠償請求がされることはもちろん大変ですが，何より大事な職員に長く働いてもらうためには，職場環境を整え，誰もが安心安全に働くことができる環境を作ることが重要です。

　事業者としては，「介護事業の性質上やむを得ない」などと職員任せにするのではなく，むしろ職員から積極的に被害報告を受けられる環境を作り，しっかり対処をしなければなりません。スタッフを顧客のハラスメントから守る，という発想と行動が必要なのです。

15 実地指導の流れ

事業所に，２週間後に実地指導をするっていう通知が届いたんだけど，どうしたらいいですか？

Q 実地指導とは何ですか？

実地指導は，市町村であれば介護保険法23条，都道府県であれば介護保険法24条に基づき，必要があると認めるときに，行政の実地指導監督が介護事業所を直接訪れ，あらかじめ事業者が用意した書類や当日のヒアリングを基に，事業者の指導をするものです。近年は，運営指導とも呼ばれています。

行政の職員が事業所に来て調査をする，というと，「うちに何か問題があるのではないか」と不安になられる事業者が多いと思います。しかしながら，必ずしもそうではありません。

実地指導は，どの事業者に対しても定期的に行われるものであり，当然何らの指導もされずに終了することもあります。適法に事業所を運営されている事業者は，実地指導をおそれることはないのです。

事前に，確認をする書類等が示されている場合には，これらの書類を準備しておくようにし，円滑に実地指導が行われるよう協力しましょう。

Q 実地指導ではどんな指導がされるんですか？

実地指導において，運営上の問題点が発覚した場合には，問題の程度，改善の状況等により，監査を経るなどした上で，以下のような処分，指導等がされ

る可能性があります。

---

①　指定取消し

②　指定の効力の停止処分

③　指導・改善報告

④　改善勧告・改善命令

---

　①および②のような処分がされると，事業者としてはまさに，介護サービス事業を続けることができなくなってしまいます。もっとも，このような重い処分がされた例は，たとえば居宅介護支援事業者では，令和元年度において15件であり，全国に4万118箇所の居宅介護支援事業者があることに鑑みれば，それほど多い数ではありません。

　そのため，実地指導で行われるのは，ほとんどが③の指導と改善報告の提出または④の改善勧告およびこれに応じない場合の改善命令になります。しかしながら，①および②に比較すれば緩やかに見える③または④についても，事業者においてこれらを自ら調査し，さらに場合によっては介護報酬を自主返還しなければならないこともあり，非常に手間と労力がかかる他，利用者からの信用を失うことにもなりかねません。

　このような労力をかけないようにするためには，実地指導の際，いかに指摘事項を少なくするか（最終的には0にする），翻って見れば，日常業務の中で，どのような点に気を配っておくべきかが，非常に重要となってきます。

　なお，実際に①，②，④などの処分等をするにあたっては監査が実施されます。監査は，実地指導後に改めて実施されることもあれば，実地指導から監査にその場で切り替えられる可能性もあります。監査については本章16で説明します。

Q　実地指導ではどんなことをするんですか？

実地指導の具体的な流れは以下のとおりです。

1　事前通知

　実地指導の事前通知に関する規定はありませんが，現状では1カ月から2週間前に事前通知が行われ，期間に余裕がある場合には，事前提出書類が求められることが多いです。もっとも，2週間より短い期間で実地指導が実施される旨の通知が来ることもあるため，そのような場合は，事業者としては，行政がどのような趣旨で調査に来たかについては，必ず確認をする必要があります。単純に，通知の発送が遅れただけなのか，通報等があったのかによって，事業者側の心構えが変わってくるからです。

2　実地指導開始

　実地指導においては，行政の職員より，まずは実地指導対象者に対してあいさつを行うとともに，実地指導についての説明が行われます。

3　事業者掲示の確認

　まずは一見してわかりやすい，事業者に掲示する必要がある，運営規程，重要事項説明書等の掲示等の状況（事業所内に掲示されているのか，クリアブック等で保存されているのかなど）を確認した上で，各記録の内容についての確認作業を行うことが多いです。

4　事故，苦情，ヒヤリハット報告書，研修関係の確認

　実地指導では，事故報告書および苦情報告書については，行政への報告が必要な事故報告が速やかに行われているかを確認するとともに，必要な記録が記載されているかを確認します。また，ヒヤリハット報告書については，明確に作成を義務づける規定はありませんが，当該事業者において適切に危険に対する対策がされているかを確認されることが多いです。たとえば，ヒヤリハットが1件もない，という事業者はないはずですので，これらの記録が残されてい

ないことをもって，普段からの安全管理が正しくされているのかについて，行政に疑念をもたれることがあるかもしれません。

　研修については，結果として実施しているのではなく，事業者として必要な研修内容をあらかじめ計画していることが必要となります。この計画については，年度の初めに作成されている必要があり，たとえば居宅介護支援事業者のうち，特に，特定事業者加算を算定している事業者では，個別研修（個別に目標等を設定した研修）が必要となるので，全体研修を実施しているだけでは要件を充たさなくなります。

5　結果通知（口頭（当日），文書（後日））
　実地指導の結果については，当日は口頭で指導等が行われ，後日，文書で通知が行われます。

ここがポイント！

　実地指導対策は，一見すると煩雑に見えるかもしれません。しかしながら，実地指導対策を進めていくことは，日常業務を効率化，円滑化し，介護事故等を防ぐことにもつながっていきます。実地指導の通知が来てから慌てて書類を整えるのは効率的ではありません。常日頃からこれらのことを念頭に置いて，まずは事業所内での意識改革を始めていきましょう。

16 「実地指導」と「監査」って何が違うの？

「監査」ってよく聞くんだけど，実地指導って監査のことなんですか？　何が違うんですか？

Q　「監査」とは何ですか？

　実地指導と混同されがちな概念として，一般的に「監査」と言われるものがあります。

　これは，正確には「検査」というものであり，サービスごとにその根拠が指定基準の中で定められています（ここでは，なじみのある「監査」という言葉を使うことにします）。

　監査は，行政が入手した各種情報を基に，当該事業者における介護給付等対象サービスの内容，介護報酬の請求および業務管理体制の整備に関し，指定取消処分等に該当する場合や，介護報酬の請求について，不正もしくは著しい不当が疑われる場合に行われるものです。

　ここでいう「各種情報」とは，たとえば①通報，苦情，相談などに基づく情報，②国民健康保険団体連合会（国保連），地域包括支援センターなどへ寄せられる苦情，③国保連，保険者からの通報情報，④介護保険給付費適正化システムの分析情報，⑤「介護サービス情報の公表」の拒否などの情報，⑥実地指導から得られた情報などです。

　つまり，監査は何らかの具体的な情報を基に行われるものなので，これを受ける事業者としても，厳しい指導や処分がなされることを覚悟しなければいけません。

Q　「実地指導」との違いは何ですか？

　監査では，実地指導とは異なり，事前通告はされません。また，行政は，事前に各種情報を基に具体的な「疑念」をもって訪問しているため，その調査は実地指導に比較してより厳しく，詳細なものとなることが予想されます。

　また，改善指導等が事実上の行為であるのに対し，改善命令は行政処分であり，改善勧告に従わずに，改善命令が出される場合には，事業者名が公開されることがあります。

　そして，最悪の場合には，聴聞手続を経て，指定効力の停止や，指定の取消しなど，最も重い処分へと向かっていきます。

ここがポイント！

　行政の職員が，その実は実地指導であるにもかかわらず「これから監査をする」と事業者に伝えるようなケースも多々あります。さらには，行政の職員自体が，実地指導と「監査」の違いを意識せずに，強権的な態度で指導に臨んでくることさえあるのです。

　そのため，事業者としては，通知が届いた場合や，通知を見せられた場合には，「何を根拠にした調査であるか」ということを，通知書の中でしっかり確認をする必要があります。

　また，実地指導は，調査を円滑に進めるために，事前に通知が届くことが通常ですが，実は実地指導であるにもかかわらず，当日にいきなり行政の職員が事業所にやってくることもあります。事業者としては，「今日突然来たから，これは監査だろう」と即断せず，行政の職員に対して，「何を根拠にした調査であるか」を必ず確認するようにしましょう。

Ⅲ　日々の運営のい・ろ・は／　⑤実地指導がきた！

17 実地指導の心構え　①資料編

実地指導って，一体何を準備したらいいんだろう？

Q　実地指導には事前に通知が来るの？

　実地指導が行われる前には，原則として，行政からの事前通知がされます。その事前通知書には，事前に行政に提出すべき書類，当日準備する書類が記載されているので，まずは，事前通知書に記載された書類を期限内に準備しましょう。

　ただ，事前通知書の記載がわかりにくく，準備すべきものやその範囲がわからない場合もあるかもしれません。そのような場合は，事前通知書には，当日担当する部署や担当者が記載されていますので，遠慮なく電話等で確認をしてください。

Q　日頃の資料整理の重要性

　事前通知書で準備を求められた書類を準備している際に，用意すべき書類が見つからないことがあります。その理由としては，①資料の整理がうまくできておらず，どこにその書類があるかわからない場合と，②実際にその書類がない場合の2パターンが考えられます。①の場合であれば，時間をかけて探せば見つかるかもしれませんが，②の場合，適時に作成しなければならない書類であれば，この段階ではどうすることもできません。

重要なのは，日頃の資料整理です。

たとえば，毎月作成が必要な書類，定期的に作成が必要な書類，利用者から同意を得る必要がある書類であれば，利用者の記録の表紙にその一覧と作成を必要とする時期，作成した場合にチェックをする欄などを設けた管理簿を綴っておくことで，書類の有無がひと目でわかります。

この管理簿を運用することで，書類の取りこぼしが防止できることはもちろん，実地指導の当日に，行政の担当者に対して，書類の管理が適切にできている，との好印象を与えることもできます。

事業者や業種によって必要な書類は異なりますが，実地指導の通知が来る前に，ぜひ資料整理の方法を見直してみてください。

Q 書類が存在しなかった場合は？

書類の不備が発覚した場合，一番やってはいけないことは，書類の「偽造」です。

たとえば，ケアプランセンターを例にあげると，1カ月に1回行うべきモニタリングのモニタリングシートが抜けている月があった場合，実際にはモニタリングは実施しており，メモ等を残していたものの，モニタリングシートへの書き写しを失念していた，というような状況であれば，改めてモニタリングシートを作成しても問題はありません。

しかしながら，実際には，モニタリングそのものを行っていなかったにもかかわらず，あたかもモニタリングを実施したかのようなモニタリングシートを作成することは，立派な「偽造」です。

実地指導に際して，虚偽の報告をすることは行政の担当者に疑念を抱かせ，監査対象となり，そこでも虚偽の報告をすれば，それ自体が指定の効力停止や指定の取消処分の理由になります。逆に，仮に書類に不備があっても，真摯に反省し，改善する姿勢や取組みを見せれば，通常は指定効力停止や指定取消処分などの重い行政処分がされることはありません。もし，実地指導前の事前の確認で不備を発見した場合は，指摘される前に改善策を示すことを検討してください。

実地指導を，事業改善のきっかけとポジティブに捉える姿勢が重要です。

18　実地指導の心構え　②心構え編

実地指導，怖いなあ……

Q　実地指導は過度におそれることはない？

　実地指導の事前通知が来ると，事業者は戦々恐々とします。

「何か運営に不備があったのだろうか」

「利用者から行政に何か通報されたのだろうか」

などと不安になりますし，用意するよう指定された資料を整える煩雑さの他，当日何を聞かれるのか，何を指摘されるのか，もし介護報酬の自主返還を求められたらどうしよう，などと，心配は尽きません。

　しかしながら，実地指導は，原則として，数年に1回，定期的に行われるものであり，通常はそれほどおそれるものではありません。むしろ，定期的に事業所の運営等が適正に行われているかを検証し，行政のお墨付きをもらう機会だと捉えるようにしましょう。

　行政は，事業者とともに，介護事業を適正に運営する主体の1つであって，敵ではないのです。

Q　どんな準備をしておけばいい？

　まずは，本章17でも解説したように，実地指導への準備としては，行政から指摘されている資料を整えることになりますが，このとき，仮に書類の不備

等があったとしても，焦って書面を偽造したり，隠したりすることはご法度です。

　書面が存在しなかったり，まずいことが書かれた書面が調査されたりした結果，何らかの指導を受け，介護報酬の自主返還を求められることもあるかもしれませんが，不備を素直に認め，早期に対処し，信頼回復に努めることで，少なくとも最悪の結果である指定の効力の停止や取消しは免れることができます。

　そして，実地指導の当日は，行政からの質問に適切に応えることができる職員を可能な限り常駐させましょう。事情を把握しきれていない人が行政対応をすることで，実際には不備はないにもかかわらず，うまく説明ができない結果，把握がされていないことそのものを指導をされたり，質問に対してパニックになったりした結果，適正に運営がされているにもかかわらずうまく説明ができず，本来指摘を受けるべきではないところばかりに時間を取られ，せっかくの事業の適正化の機会をうまく活かせなくなってしまいます。

　そして，当日に重要な点のもう1つは，「行政の職員が言うことはすべて正しい」と思わないことです。介護保険法は難解であり，行政の職員は，無数にある法令，指定基準，通達などを基に指導や指摘をします。しかしながら，行政の職員も，長期間当該部署にいるわけではなく，異動もあり，介護保険法を詳しく知らない職員も担当となります。そのため，地方自治体の介護保険課などでは，先任者が作成したマニュアルなどに沿って実地指導に臨むことが多いです。

　しかしながら，このマニュアルの内容は，必ずしも法令に根拠を持ったものではなく，先任者や行政の担当者の主観で作成されていることも多々あります。さらには，法令等の改正が反映されていないことすらもあり得ます。

　したがって，指摘を受けた際には，わからないところはわからないとはっきり伝える，さらに指導内容の根拠がわからない場合には，その時点でパニックにならず，まずは根拠等を具体的に尋ねる，という姿勢で，実地指導に臨みましょう。

19　実地指導当日の注意点

当日は何に気をつけたらいいの？

Q　どのように行政の職員を迎えたらいいですか？

　行政の職員が来る，と思うと，ついつい身構えてしまうことも多いかもしれません。緊張するのは仕方がないことですが，行政の職員は決して敵ではありませんので，通常のお客様を迎えるような態度で問題ありません。

　通常は，あいさつをした上で，行政の職員との間で自己紹介や，名刺交換等を行うことになります。

Q　実地指導をする場所はどうしたらいいですか？

　実地指導をする際には，利用者の利用記録や，事故，ヒヤリハット，苦情報告書のファイルなど，多くの資料を確認したり，事業者運営に関するさまざまなことを聞かれたりしますので，利用者のいる場所から離れた，ある程度広い机のある部屋を用意し，案内することをおすすめします。

　たとえば，利用者や利用者家族と面談をする際に利用する面会室や相談室，空いている居室などを利用し，できる限り，事務スペースや利用者等が行き交うような場所は避けるようにしてください。

　その理由としては，行政の職員に集中して作業を行ってもらうことの他，行政の職員に対して，不必要な注意を払わせないようにする，というメリットが

あります。

　具体的には，たとえば利用者のファイルやその他事業所運営に関わる記録が存在する事務スペースで作業を行っていると，実地指導の事前通知では通知されていなかった確認する予定ではない資料も目に入り，不必要に閲覧を求められる場合もあり得ます。さらには，「この資料はないですか？」と聞かれた際，その場で，行政の職員が見ている状態の中で探す必要があることから，心理的な圧迫感もある上，咄嗟にどこに保管しているのかわからず混乱したり，資料がうまく整理できていなかったりした場合には，すぐにそれが露見し，印象が悪くなることも考えられます。

　一方，事務スペースとは別の，しかもある程度離れた場所を実地指導の場所とし，必要な資料を運ぶという方式をとれば，行政の職員は，手元の資料に集中する他，資料の追完等を求められた場合でも，落ち着いて探した上で，準備した資料に疑問点等がある場合には，他の職員や，場合によっては顧問弁護士等に電話で相談などをしてから行政の職員へ開示することができます。

　また，周りに利用者や利用者家族がいるような場所で，行政の職員が出入りをしたり，スタッフに話を聞いていたりすると，通常の実地指導であっても，「何かあったのだろうか？」との不安を抱かれたり，根拠のない噂が立ってしまうこともあり得ます。

　なかなかスペースを確保することが難しい場合もあるかもしれませんが，事前に実地指導が行われる日もわかっているので，可能な限り準備をするようにしましょう。

Q　質問にはすべて答えないといけないですか？

　もし，その場で尋ねられたことにすぐに答えられなかったり，資料を準備できなかったりした場合には，後日改めて回答を用意したり，資料を整理した上で提出することも可能です。事前に用意を求められていた資料であれば，漏れなく準備をしておく必要がありますが，それ以外は，わかることは説明する，わからないことは追って対応する，ということで問題ありませんので，落ち着いて対応するようにしてください。

130

20 実地指導でよく指摘されるポイント

実地指導で，みんなどんなことを聞かれているんだろう？

Q　実際にどんな指摘を受けることが多いんですか？

　実地指導で指摘を受ける内容は，もちろん事業者によってさまざまです。

　ここでは，一部ではありますが，指摘されることが多いポイントについてご説明します。他にも，実地指導で指摘されるポイントについては，厚生労働省老健局総務課介護保険指導室が出している「介護保険最新情報」Vol.730（令和元年5月30日）に，各事業類型ごとの注意点がまとめられているので，そちらも参照してみてください。

①	研修の実施	年度初めに計画を立てているか。	特定事業者加算を取得している事業者の場合，研修計画は，年度初めに1年間の計画を立てる必要があります。もし，この計画を立てていない場合，1年間の研修に関する報酬について，減算となる可能性があります。
		パート等も含めた全員の受講が確保されているか。	特定事業者加算を取得している事業者の場合，研修は，従業者全員に受講させる義務があります。そのため，もし受講の機会等を与えていなかっ

			た場合，減算の可能性があります。
②	掲示物	重要事項説明書や運営規程等が古いものになっていないか。	介護保険法等の改正により，実際に利用している重要事項説明書等を変更しているにもかかわらず，掲示物の差し替えをし忘れていることがあります。これによって，大きな問題となるわけではありませんが，実際に利用している契約書の確認を求められるなど，調査対象が増えてしまう可能性があります。
③	預り金	預り金規程や，実際の運用がどうなっているか。	金銭を預かっている場合には，その管理状況は必ず確認されます。
④	シフト表	複数サービスを提供している場合のスタッフの勤務状況がどうなっているか。	もし，事業者が複数サービスを提供し，スタッフもそれぞれの事業所を掛け持ちしている場合には，各事業所での勤務時間が重なっていないかについて確認をされます。もし重なっている場合，少なくとも一方の事業所では勤務をしていないことになり，提供していないサービスを行政に報告していることになります。同様に，サービス提供時間と出勤時間が一致しているかの確認もされることが多いです。

索　引

■著者紹介

弁護士法人かなめ

司法修習の同期であった弁護士畑山浩俊（66期）および同米澤晃（66期）が2015年9月1日に法律事務所かなめを設立。

2020年9月1日付で法人化し「弁護士法人かなめ」となり，2021年6月に東京支店，2022年6月には福岡支店を開設。

現在（2022年10月30日時点），弁護士9名体制で業務を行う。

介護，幼保等の福祉事業に特化した事務所として，顧問弁護士サービス「かなめねっと」を運営。

全国27都道府県に顧問先を擁し，チャットワークを活用することで，経営者だけでなく現場の管理者などから，日常的に発生する様々な法的な問題と向き合っている。

管理者・施設長に教えたい
介護事業所の"現場法務"

2022年12月20日　第1版第1刷発行

著　者	弁護士法人かなめ	
発行者	山　本　　　継	
発行所	㈱中央経済社	
発売元	㈱中央経済グループ パブリッシング	

〒101-0051　東京都千代田区神田神保町1-31-2
電話　03 (3293) 3371(編集代表)
　　　03 (3293) 3381(営業代表)
https://www.chuokeizai.co.jp
印刷／三英印刷㈱
製本／㈲井上製本所

© 2022
Printed in Japan